Burkhard Bohne, Renate und Fridhelm Volk, Renate Dittus-Bär

Kräutergarten kompakt

Anbau, Sorten, Rezepte

233 Farbfotos
13 Zeichnungen

Ulmer

Inhalt

In diesem Kapitel finden Sie Pflanzenbeschreibungen, Vermehrungs- und Pflegehinweise, Angaben zur Erntezeit sowie Verwendungsmöglichkeiten.

Großmutters
Kräuterwelt

Kräuter gestern und heute

Die moderne Pflanzenheilkunde (Phytotherapie) blickt auf eine jahrtausendealte Tradition zurück. Seit Urzeiten sammelten die Menschen Blätter, Blüten, Früchte oder Wurzeln und gaben ihr Wissen von Generation zu Generation weiter. Zahlreiche Samenfunde bei Ausgrabungen belegen, dass man Pflanzen schon sehr früh als Nahrungs- und Heilmittel schätzte. So fand man beispielsweise am Bodensee in Pfahlbauten aus der Jungsteinzeit Reste von Angelika, Holunder, Kümmel, Mohn und Schlehe. Die ersten schriftlichen Aufzeichnungen über Pflanzen stammen aus dem Jahr 3000 v. Chr., als in China das erste Heilpflanzenbuch verfasst wurde. Auch in ägyptischen Pharaonengräbern entdeckte man rund 800 ausführliche Rezepturen mit Arzneipflanzen. Als geistiger Vater der abendländischen

Die Kapuzinerkresse ist dekorativ und schmeckt würzig.

In diesem bunt gemischten Kräuterbeet wachsen Ringelblumen, Thymian, Weinraute und Borretsch.

Medizin gilt der griechische Arzt Hippokrates (460–370 v. Chr.).

Die Verbreitung der Kräuter in unseren Breiten ist im Wesentlichen ein Verdienst von Kaiser Karl dem Großen. 812 erließ er die »Capitulare de villis«, eine Verordnung für seine Landgüter mit genauen Anweisungen, welche Kräuter und Pflanzen dort unbedingt angebaut werden sollten. Dazu gehörten Anis, Bohnenkraut, Dill, Diptam, Eberraute, Fenchel, Kerbel, Knoblauch, Koriander, Kresse, Kreuzkümmel, Liebstöckel, Minze, Muskatellersalbei, Petersilie, Raute, Salbei, Schnittlauch, Sellerie, Senf, Rainfarn, Rosmarin, Tausendgüldenkraut und Zwiebeln.

Eine der bedeutendsten Frauen des Mittelalters war Hildegard von Bingen (1098–1179). Die große Theologin, Heilkundige und Ratgeberin von Kaiser und Papst katalogisierte 280 Pflanzen und Bäume und beschrieb ihren Nutzen für Heilzwecke.

Zu Beginn des Mittelalters waren Krankheit und Gesundheit eng mit religiösem Glauben, aber auch mit Aberglauben verbunden. Die Diagnostik und Behandlung bestand aus Pulskontrolle, Überprüfung des Urins und Aderlass. Erst mit den Mönchen brach eine neue Zeit in der Heilkunde an. Sie erprobten überliefertes Wissen aus dem Altertum und ergänzten es durch eigene Erfahrungen. So manches Kräutlein war bei uns heimisch. Man sammelte es in der Natur oder baute es im Klostergarten an. Andere wiederum wurden von weither eingeführt. Viele unserer mehr als 1000 Jahre alten Gewürze stammen aus dem Mittelmeerraum. Da ihr Anbau problemlos war, holten die Benediktinermönche Ableger vieler Heil- und Küchenkräuter von ihrem Stammkloster auf dem Monte Cassino in den rauen Norden.

Mit der Erfindung des Buchdrucks wurde das hinter Klostermauern gehütete kräuterkundliche Wissen schließlich breiteren Volksschichten zugänglich gemacht. In der Folge wuchsen dann auch in Bauern- oder Bürgergärten immer häufiger Gewürz- und Heilpflanzen.

Eine Hochblüte erlebte die Pflanzenheilkunde nochmals im 18. und 19. Jahrhundert mit Sebastian Kneipp, Johann Künzle und Samuel Hahnemann. Sie lehrten den Umgang mit den Kräutern, der »Herrgotts Apotheke«. Im 20. Jahrhundert nahm der Verbrauch an frischen Kräutern dann stark ab. Außer Petersilie und Schnittlauch kannten die modernen Menschen kaum mehr frische Würzkräuter, die noch ihre Großmütter ganz selbstverständlich in der Küche verwendet hatten.

Zum Glück geht der Trend der letzten Jahre wieder zurück zur Natur. In einer von Technik geprägten Welt möchten viele wieder gesünder und natürlicher leben. So erleben zahlreiche vergessene Kräuter gerade eine Renaissance. Denn ihre gesunden Inhaltsstoffe – Vitamine, Mineralien, ätherische Öle, Bitter- und Gerbstoffe sowie sekundäre Pflanzenwirkstoffe – machen frische Kräuter für die Küche unentbehrlich. Einzigartig sind ihr Geschmack, ihr Wohlgeruch und ihre Würzkraft.

Im Kräutergarten

Den Grundstock für ihren Kräutervorrat legten unsere Großmütter im Garten. Denn nur der sorgfältige Anbau und die liebevolle Pflege jedes Kräuterleins garantierte eine reiche und hochwertige Ernte. Daran hat sich bis heute nichts geändert.

Die Aussaat

Für die Aussaat brauchen Sie saubere Schalen, Kisten oder Töpfe mit einem Wasserabzug. Ob Sie selbst aussäen oder Jungpflanzen kaufen, hängt vom Platzangebot in Ihrem Garten ab. Je früher Sie die Kräuter aussäen, desto früher können Sie auch ernten. Wer bereits im Februar mit der Aussaat beginnt, kann nach den Eisheiligen schon kleine Pflanzen ins Freiland setzen. Haben Sie kein Gewächshaus, so stellen Sie die Schalen einfach auf eine warme, helle Fensterbank.

Spezielle Aussaaterde ist mager und steril, also frei von Keimen. Sie ist gebrauchsfertig im Fachhandel erhältlich. Normale Blumenerde eignet sich mit ihrem hohen Nährstoffgehalt nicht für die Aussaat. Die Erde wird zuerst gesiebt. Dann geben Sie die gröbere Erde, die im Sieb zurückbleibt, auf den Boden der Aussaatkiste und füllen mit der gesiebten Erde auf. Jetzt stoßen Sie die Kiste auf, damit sich die Erde setzt, und drücken die Erde an den Rändern an. Anschließend wird die gesamte Erde leicht mit einem Brettchen angedrückt. Dabei sollte oben ein Rand von 1 cm frei bleiben.

Achten Sie bei den Samen darauf, ob es sich um Licht- oder Dunkelkeimer handelt. Lichtkeimer werden überhaupt nicht mit Erde abgedeckt. Bei Dunkelkeimern gilt folgende Faustregel: Man bedeckt sie viermal so hoch mit Erde wie der Samen groß ist. Alle Samen werden breitwürfig in die Aussaatkiste gestreut. Einzig Kerbel, Kresse und Schnittlauch werden recht eng ausgebracht. Anschließend übersieben Sie die Dunkelkeimer mit Erde, gießen vorsichtig an und decken die

Kräuter kann man bereits im frühen Frühjahr im Gewächshaus vorziehen.

Kiste mit einer Glasscheibe oder Plastikfolie ab.

Die Samen dürfen nie austrocknen. Wird die Keimung nämlich unterbrochen, stirbt der Samen ab. Sorgen Sie für eine gespannte Luft, dann keimen die Pflanzen schneller. Hierfür sprühen Sie die Erde oft an – etwa mit einem Wäschesprenger – und halten die Aussaat warm und abgedeckt. Verlieren Sie nicht die Geduld, wenn sich so schnell nichts tut, manche Pflanzen brauchen für die Keimung etwas länger. Auf der Samentüte ist die Keimzeit stets angegeben. Beschriften Sie ein Etikett mit Datum und Pflanzenname und stecken Sie es in die Kiste. So wissen Sie auch später noch, was in der Aussaatkiste wächst.

Sobald sich erste Pflänzchen zeigen, beginnt man mit dem Lüften, um die Jungpflanzen abzuhärten. Am Anfang nehmen Sie die Glasscheibe, Plastikfolie oder Belüftung des Gewächshauses nur stundenweise ab. Nach 1 bis 2 Wochen kann sie ganz abgenommen werden. Die Frischluftzufuhr ist wichtig, da Schimmelpilze sonst ganz schnell von der Aussaat Besitz ergreifen. Sind die Pflanzen groß genug gewachsen, werden sie pikiert (siehe rechte Seite).

Sie können auch direkt ins Freiland, ins Frühbeet oder unter Folientunnel aussäen. Nachdem das Beet ein wenig erwärmt, frei von Unkraut und feinkrümelig geharkt ist, ziehen Sie flache Rillen. Achten Sie dabei auf den Reihenabstand. Auch hier werden Dunkelkeimer mit Erde oder Sand bestreut. Damit das Beet gleichmäßig feucht bleibt und die Samen schneller keimen, wird es nach dem Angießen mit Säcken, geschlitzter Kunststofffolie oder Flies abgedeckt. Die Abdeckung beschwert man an den Seiten mit Steinen. So kann der Wind sie nicht verwehen.

Als Erstes können Sie Kerbel, Kresse und Petersilie ins Freiland säen, denn diese sind wenig frostempfindlich. Ab April folgen Borretsch, Dill, Kümmel und Ringelblumen. Ab Mitte Mai sind Bohnenkraut, Kapuzinerkresse und Majoran an der Reihe. Ab Mai werden auch gesondert die mehrjährigen Kräuter Fenchel, Liebstöckel, Melisse, Pimpinelle und Schnittlauch ausgesät. Sie werden später noch umgepflanzt. Dill, Kerbel und Petersilie hingegen bleiben im Beet und werden bei Bedarf nur etwas ausgedünnt. Bei wärmebedürftigen Pflanzen wie Basilikum, Majoran, Lavendel, Rosmarin, Salbei und Thymian empfiehlt sich eine Vorkultur im Haus.

Wurzelteilung, Stecklinge und Absenker

Einige Pflanzen lassen sich schlecht oder gar nicht durch Samen vermehren. Hier bietet sich die Teilung des Wurzelstocks an. Diese ungeschlechtliche (vegetative) Vermehrung ist an keine Befruchtung gebunden. Zudem verfügt man gleich über relativ große Pflanzenteile. Sie klappt gut bei Balsamkraut, Melisse, Oregano und Schnittlauch. Hierfür graben Sie den Wurzelballen vorsichtig mit einer Grabgabel aus. Dann zerteilen Sie ihn mit den Händen, einem Messer oder einem Spaten und pflanzen die Teile sofort wieder mit Abstand ein. Gehen

Sie schonend mit den Wurzeln um. Auch dürfen Sie die Pflanzen nicht tiefer einpflanzen als vorher.

Estragon und alle Minzen lassen sich durch Wurzelausläufer vermehren. Dafür stechen Sie einen Wurzeltrieb mit dem grünen oberirdischen Teil ab. Nachdem Sie den oberirdischen Trieb etwa um die Hälfte eingekürzt haben, pflanzen Sie ihn an anderer Stelle wieder ein. Beinwell, Liebstöckel und Meerrettich kann man gut durch Wurzelstücke vermehren. Diese Vermehrungsart wird im zeitigen Frühjahr oder im Herbst durchgeführt.

Bei Bergbohnenkraut, Duftpelargonien, Eberraute, Estragon, Lavendel, Salbei, Rosmarin, Thymian und Ysop greift man zur Vermehrung durch Stecklinge. Dafür schneiden Sie in der Zeit von Juni bis August mit einem sauberen, scharfen Messer junge, unverholzte Triebe mit genügend Festigkeit von gesunden Mutterpflanzen ab. Die Stängel sollten 5 bis 7 cm lang sein und dürfen nicht gequetscht werden. Nach dem Entfernen der unteren Blätter steckt man sie in vorbereitete Pflanztöpfchen mit einem Kompost-Sand-Gemisch. Die Erde wird um die Stängel herum gut angedrückt und anschließend gleichmäßig feucht gehalten. Decken Sie die Pflanztöpfchen mit Folie ab. Die Stecklinge bleiben im Schatten, bis sich Wurzeln gebildet haben. Sie erkennen das sehr gut am Neuaustrieb kleiner Blättchen. Den ersten Winter verbringen die Jungpflanzen an einem warmen, hellen Fenster im Haus oder Gewächshaus. Erst nach den letzten Frühjahrsfrösten kommen sie ins Freiland.

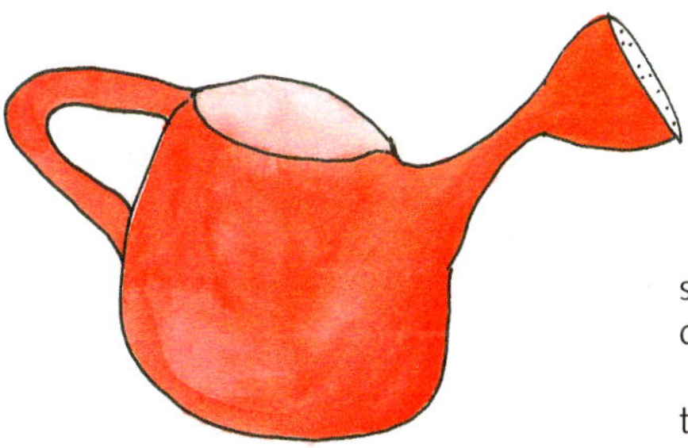

Andere Pflanzen vermehrt man durch Absenker. Diese Methode eignet sich besonders für Apothekerrose und Salbei. Dafür biegt man an einem trüben Tag einen Zweig der Mutterpflanze mithilfe eines Drahtbügels zum Boden herunter, steckt ihn fest und bedeckt diese Stelle mit Erde. Der Absenker bildet jetzt hier neue Wurzeln.

Sämlinge pikieren

In den Aussaatschalen herrscht bald Platz-, Nährstoff- und Lichtmangel und das Wachstum der Jungpflanzen gerät ins Stocken. Um dem vorzubeugen, werden die Pflänzchen herausgenommen und in frische, nähstoffreichere Erde umgesetzt. Sobald die Pflänzchen 5 bis 7 cm groß sind, werden sie mit einem Pikierholz oder einem Bleistift einzeln vorsichtig aus der Erde gehoben. Mit dem Pikierholz stechen Sie dann Pflanzlöcher in das neue Substrat und stecken die Pflänzchen hinein. Gießen Sie zuletzt sanft an, damit sich die Erde dicht um die Wurzeln legt.

Zum Pikieren eignen sich Blumentöpfe, Torfanzuchttöpfe oder Balkonkästen. Die frisch umgesetzten Jungpflanzen sind recht empfindlich und dürfen weder direkter Sonne noch Zugluft ausgesetzt werden. Nach einigen Tagen können Sie die Pflanzen an einem schattigen und geschützten Platz stundenweise ins Freie stellen.

Die passende Erde

Die Erde gibt der Pflanze Halt und Nahrung. Deshalb ist die Kenntnis der Bodenbeschaffenheit sehr wichtig, denn sie muss auf die Bedürfnisse der Pflanze abgestimmt sein. Da viele Kräuter und Heilpflanzen aus dem Mittelmeerraum stammen und eher spartanisch leben, brauchen sie wenige Nährstoffe, also einen eher mageren Boden. In unseren Gärten hingegen findet man meist schwere Lehmböden, die aufbereitet werden müssen. Ideal ist ein humoser, lockerer und krümeliger Gartenboden. Wer Erde vom Acker holt, muss darauf achten, ob dort gespritzt oder Dünger ausgebracht wurde.

Einen hohen Nährstoffbedarf haben Borretsch, Estragon, Kapuzinerkresse und Liebstöckel. Sie fühlen sich auch in Blumenerde wohl, die mit etwas Sand und Kompost gemischt wurde. Für alle übrigen Kräuter empfiehlt sich keine Blumenerde, da sie zu viel Nährstoffe besitzt. Die Pflanzen schießen dann nur ins Kraut und verlieren ihr Aroma. Für Kresse, Majoran, Melisse, Oregano, Rosmarin, Salbei und Thymian genügt Gartenerde oder Kompost, gemischt mit einem Drittel Sand. Einen etwas höheren Nährstoffbedarf haben Basilikum, Bohnenkraut, die Minzen, Petersilie, Pimpinelle und Schnittlauch. Ihrem Boden wird entsprechend weniger Sand, dafür aber mehr Kompost beigemengt.

Decken Sie den Boden um die Pflanzen herum stets ab (mulchen). Der Boden trocknet dann nicht so schnell aus, Unkraut keimt schlechter und das Bodenleben wird aktiviert. Die Erde bleibt warm, Bakterien, Kleinstlebewesen und Pilze produzieren ständig Humus, der den Pflanzen zugute kommt. Im Winter deckt man die Beete mit Laub ab, das im Frühjahr wieder entfernt wird. Danach nimmt man Schnittgut, das gerade anfällt: Gras, Stroh oder ganz einfach Teile zurückgeschnittener Kräuter.

Sind die Kräuter in Töpfe gepflanzt, so sollten Sie die Erde jährlich erneuern. Im Gegensatz zum Gartenbeet, wo Kleinstlebewesen und Regenwürmer für eine ständige Bodenbearbeitung sorgen, sind die Nährstoffe im Topf schnell verbraucht sind und die Kräuter leiden unter Mangelerscheinungen.

Behutsam düngen

Kräuter benötigen also bis auf wenige Ausnahmen kaum Dünger. Aber ganz ohne zusätzliche Nahrung kommen sie nicht aus. Da Sie die Kräuter ernten, verzehren oder für Heilzwecke einsetzen, sollten Sie den Dünger mit Bedacht auswählen.

Für Kräuter eignen sich am besten organische Dünger wie Hornspäne, Guano oder Kompost. Am hochwertigsten ist Kompost, doch hat nicht jeder einen Komposthaufen in seinem

Eine Mischkultur aus Gemüse und Kräutern ist besonders empfehlenswert.

Garten. Horn-, Blut- und Knochenmehl fallen ebenfalls unter organische Dünger, ihre Anwendung ist jedoch Ansichtssache.

Auf gar keinen Fall sollten Sie Kräuter mit mineralischen oder natürlichen Mineraldüngern versorgen. Kräuter benötigen wirklich nur leichte Kost, Mineraldünger hingegen sind zu stickstoffhaltig.

Organische Dünger sind fast ausnahmslos Langzeitdünger und geben ihre Nährstoffe über einen längeren Zeitraum ab. Da einige Pflanzen jedoch einen höheren Nährstoffbedarf haben, müssen Sie diese zusätzlich düngen. Gerade Beinwell, Borretsch, Kapuzinerkresse, Meerrettich, Liebstöckel oder Schnittlauch brauchen einen zusätzlichen Nährstoffschub. Gießen Sie diese im Frühjahr und nochmals im Frühsommer mit einer Jauchebrühe.

Jauchebrühen

Pflanzenjauche ist eines der mildesten Düngemittel. Zudem unterstützt sie auch die Bekämpfung von Schädlingen.

Brennnesselbrühe

Brennnesselbrühe eignet sich zum Stärken und Düngen aller Gartenpflanzen. Die Zutaten sind denkbar einfach: junge Brennnesseltriebe und

Rainfarn in voller Blüte – hübsch und nützlich im Garten.

Regenwasser. Dann benötigen Sie noch ein Kunststofffass mit Deckel. Die Brennnesseltriebe werden vor der Blüte, also etwa bis Anfang Juli, geerntet. Füllen Sie diese in das Kunststofffass und geben Sie Regenwasser im Verhältnis 1 : 10 zu. 1 kg frisches Kraut übergießt man also mit 10 l Wasser. Legen Sie den Deckel auf und stellen Sie das Fass an einen sonnigen Platz. Der Ansatz muss regelmäßig umgerührt werden. Um den unangenehmen Geruch abzumildern, können Sie etwas Steinmehl zugeben. Je nach Witterung ist die Jauchebrühe nach 10 bis 12 Tagen fertig. Die Pflanzenreste setzen sich dann am Boden ab und die Flüssigkeit nimmt eine relativ klare, bräunliche Farbe an.

Zum Düngen verdünnen Sie die Brühe mit Wasser im Verhältnis 1 : 10, für Jungpflanzen im Verhältnis 1 : 20. Die Pflanzenjauche wird mit der Gießkanne direkt an die Wurzeln gegossen. Möchten Sie die ganze Pflanze stärken, so gießen Sie die Brühe auch über die Blätter.

Gehaltvoller wird die Brennnesselbrühe, wenn Sie noch 1 Hand voll verschiedener Kräuter oder Ackerschachtelhalm zum Ansatz geben. Bereiten Sie ein Mittel gegen Blattläuse und andere saugende Insekten zu, dann lassen sie den Ansatz nicht länger als 12 bis 24 Stunden ziehen. Er darf auf keinen Fall in Gärung übergehen. Diese Brühe wird unverdünnt über die befallenen Pflanzen gespritzt.

Rainfarntee
Ein sehr wirksames und natürliches Mittel gegen saugende Schädlinge ist ein Tee aus Rainfarn (*Tanacetum vulgare*). Wer die Pflanze nicht im Garten hat, bekommt sie problemlos in getrockneter Form in der Apotheke. Pro Liter benötigen Sie 30 g getrocknete Pflanzenteile. Diese überbrüht man mit kochendem Wasser und lässt sie abgedeckt 10 bis 15 Minuten ziehen. Anschließend wird abgefiltert. Sobald der Tee abgekühlt ist, wird er im Verhältnis 1 : 3 über die Pflanzen ausgebracht. Für eine Brühe aus frischen Pflanzenteilen benötigen Sie 300 bis 500 g blühenden Rainfarn pro Liter Wasser.

Schädlinge bekämpfen

Auch bei der Schädlingsbekämpfung müssen Sie ganz besondere Sorgfalt walten lassen, da Sie die Kräuter ja für die Küche oder für Heilzwecke anbauen. Wie Sie einem Schädlingsbefall durch Mischkultur vorbeugen können, erfahren Sie im folgenden Kapitel.

Zur Vorbeugung kontrollieren Sie Ihre Kräuter am besten täglich. So können Sie einen Befall sofort erkennen. Sollten Ihre Pflanzen aber trotz aller Vorsicht von Schädlingen befallen sein, müssen Sie Gegenmaßnahmen treffen. Sind nur einzelne Pflanzenteile von Läusen oder Pilzen betoffen, werden diese großzügig abgeschnitten. Bei Pilz- oder Bakterienbefall muss das Schneidewerkzeug sorgfältig gereinigt werden, sonst überträgt man die Krankheit auch auf andere Pflanzen. Oft genügt schon ein kräftiges Abduschen der Pflanzen.

Topfkräuter hängen Sie ganz einfach kopfüber für 2 Stunden in einen Eimer mit Wasser. Sichern Sie die Erde vorher mit einer Plastiktüte. Gegen saugende Insekten hilft der soeben beschriebene Rainfarntee oder eine Lösung aus Schmierseife (1 Esslöffel auf 500 ml Wasser).

Behandelte Pflanzen sollten Sie in den nächsten 14 Tagen nicht abernten. Brausen Sie diese vor der nächsten Ernte nochmals gründlich mit klarem Wasser ab um auch die letzten Reste von Jauche oder Seifenlösung zu entfernen.

Kräuter biologisch pflegen

Für ein gesundes Pflanzenwachstum ohne Chemie gibt es einige Regeln. Die meisten unserer Gewürz- und Heilpflanzen sind zum Glück wenig krankheitsanfällig. Sie sind dankbar für einen günstigen Standort mit optimalen Boden- und Lichtverhältnissen und mit genügend Luft. So beugen Sie Pilzkrankheiten und Schädlingen wirksam vor. Wo ein raues Klima den Anbau wärmeliebender Pflanzen verhindert, greifen Sie lieber zu heimischen Kräutern. Wählen Sie sorgfältig solche Sorten aus, die sich in unserem Klima ohne Probleme anbauen lassen.

Ein sehr wichtiger Punkt ist der Fruchtwechsel. Säen Sie einjährige Kräuter jedes Jahr an eine andere Stelle im Garten. Wird beispielsweise Petersilie nicht an einen neuen Platz gesät oder gepflanzt, gedeiht sie überhaupt nicht, denn Petersilie ist mit sich selbst unverträglich. Ganz besonders zu empfehlen ist die Mischkultur, vor allem für etwas größere Gärten. Pflanzen Sie Ihre Kräuter in die Staudenbeete, zwischen Gemüse und Salat. So schützen Lavendelpflanzen Ihre Rosen vor Läusen und ergeben ganz nebenbei ein harmonisches Bild. Wermut passt gut zu Johannisbeeren und hält den Säulenrost, eine Pilzkrankheit, von ihnen fern. Das sind nur zwei Beispiele von vielen. Eine Mischkultur bereichert Ihren Garten und dessen Tierwelt und besitzt darüber hinaus nützliche Aspekte.

Gute Nachbarn

Bewährt haben sich folgende Pflanzkombinationen:

- Bohnenkraut am Beetrand schützt Buschbohnen vor schwarzen Läusen.
- Pfefferminze als Umrandung von Kohl wehrt Kohlweißlinge und Erdflöhe ab.
- Eine Schutzhecke aus Salbei und Thymian um das Gemüse- oder Blumenbeet vertreibt Kohlweißling und bedingt auch Schnecken. Allerdings müssen die Kräuter recht eng gepflanzt werden.
- Kapuzinerkresse übt eine starke Anziehungskraft auf Läuse aus. Pflanzen Sie sie daher an verschiedenen Stellen in Ihrem Garten oder auch

Eine bunte Mischung aus Kräutern und Zierstauden. Achten Sie dabei auf gute Nachbarschaften.

auf Obstbaumscheiben. Blutläuse dagegen können Kapuzinerkresse »nicht riechen« und halten sich davon fern.

- Kresse verbessert das Aroma von Radieschen. Säen Sie also immer eine Reihe Kresse neben Ihre Radieschen.
- Kümmel, Kapuzinerkresse und Meerrettich heben den Geschmack von Kartoffeln.
- Dill, Kümmel, Fenchel und Koriander sind günstige Nachbarn für Gurken, Möhren und Zwiebeln.

Linke Seite: Essbare Pflanzen beleben den Garten auch durch ihre attraktiven Farben: Von oben links nach unten rechts: Holunderblütendolde, Echte Kamille, Monarda, Petersilie, Hagebutten der Apothekerrose und Balsamkraut.

- Petersilie passt gut zu Tomaten.
- Knoblauch hemmt generell das Wachstum von Bakterien und Pilzen. Stecken Sie daher vorbeugend einige Knoblauchzwiebeln zwischen Ihre Pflanzen. Dies hat sich besonders bei Erdbeeren, Rosen und Stauden bewährt.
- Rainfarn wehrt Ameisen und anderes Ungeziefer ab und ist als Tee ein gutes Spritzmittel (siehe Seite 15). Gestehen Sie ihm deshalb ein Plätzchen in Ihrem Garten zu. Sie sollten ihn allerdings etwas abseits pflanzen, da er andere Pflanzen in ihrem Wachstum behindern kann und zum Wuchern neigt.

Schlechte Nachbarn

Vermeiden Sie folgende Planzkombinationen, da sich die Arten gegenseitig im Wachstum behindern:

- Melisse und Goldmelisse (Indianernessel)
- Kümmel und Fenchel
- Pfefferminze und Kamille
- Petersilie harmoniert nicht mit Kopfsalat.
- Wermut behindert viele Pflanzen in ihrem Wachstum. Wählen Sie für ihn deshalb einen etwas abseits gelegenen Standort.

Gestalten mit Kräutern

Es gibt viele Möglichkeiten, Kräuter im Garten anzupflanzen. Für welche man sich entscheidet, richtet sich nicht nur nach den Ansprüchen der Pflanzen und nach dem vorhandenen Platz, sondern hat auch gestalterische Aspekte. So kann man seine Kräuter und Heilpflanzen in die Blumen- und Gemüsebeete pflanzen oder gesonderte Beete für sie anlegen. Ob das nun streng geometrisch angeordnete Beete nach dem Vorbild der Nutzgärten der Benediktiner oder Kräuterrondelle, -labyrinthe, -ornamente oder Hochbeete sind, ist Geschmackssache. Die Wege können mit Rasen, Kies, Ziegelsteinen, Naturplatten oder Rindenmulch angelegt werden.

Dekorativ und praktisch zugleich sind Einfassungen um die Kräuteranlagen. Sie verhindern, dass Gras in die Beete hineinwächst. Die Einfassungen können vielfältig gestaltet sein: mit Buchs, großen Steinen, Ziegeln, Holzschwellen oder mit dünneren Baumstämmen in naturnahen Gärten.

Der klassische Arznei- und Kräutergarten

Ein Klostergarten nach mittelalterlichem Vorbild wird streng in Quadrate oder Rechtecke unterteilt. Jede Kräuterart erhält darin ein Einzelbeet. Alles ist sehr übersichtlich und ordentlich. Das hat auch für die Ernte große Vorteile: Alle Pflanzen sind gut erreichbar, denn die Abgrenzungen dienen gleichzeitig als Wege. Achten Sie darauf, dass hohe und niedrige Pflanzen stufenweise gepflanzt werden. So verhindern Sie, dass sie sich gegenseitig beeinträchtigen. Die Größe der einzelnen Beete ist abhängig von der Gesamtgröße des Kräutergartens. Haben Sie nur wenig Platz, so richten Sie Ihre Parzellen eben kleiner ein. Großwüchsige Stauden müssen hier regelmäßig geschnitten werden.

Die Kräuterspirale

Wer Kräuter auf engstem Raum entsprechend ihren Bedürfnissen anpflanzen möchte, legt am besten eine Kräuterspirale an. Durch ihre Schneckenform ist sie äußerst dekorativ und benötigt mit etwa 1 x 2 m wenig Platz im Garten. Einmal angelegt, ist die Kräuterspirale recht pflegeleicht.

Für eine Kräuterspirale ordnen Sie Natursteine spiralförmig von außen nach innen an. Die Spirale steigt in der Mitte stetig an. Ihre Endhöhe beträgt etwa 1,2 m. Dann füllen Sie die Zwischenräume mit Schotter auf. Auf die spätere Kulturfläche geben Sie sandige oder humose Komposterde, je nach den Ansprüchen der Kräuter, die dort wachsen sollen.

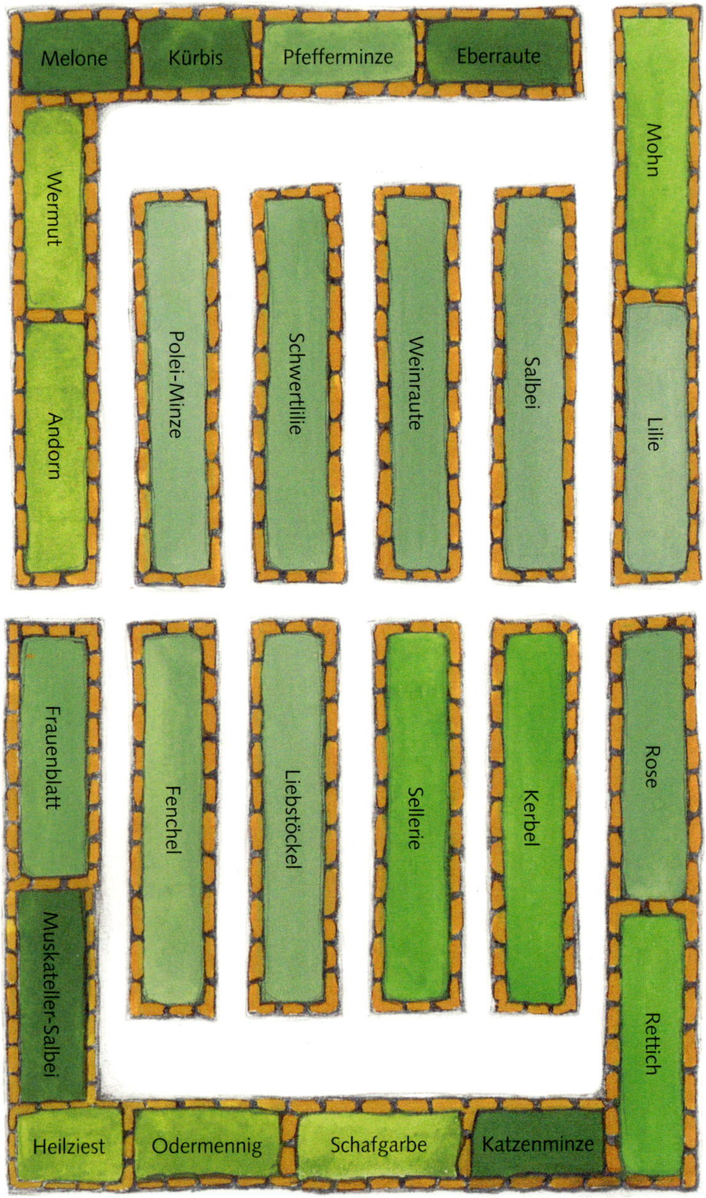
Melone
Kürbis
Pfefferminze
Eberraute
Mohn
Wermut
Polei-Minze
Schwertlilie
Weinraute
Salbei
Andorn
Lilie
Frauenblatt
Fenchel
Liebstöckel
Sellerie
Kerbel
Rose
Muskateller-Salbei
Rettich
Heilziest
Odermennig
Schafgarbe
Katzenminze

Die Kräuterspirale ist ein attraktiver Blickfang im Garten.

Beim Bepflanzen werden sonnenhungrige Kräuter wie Bergbohnenkraut, Lavendel, Majoran, Thymian, Salbei oder Ysop ganz nach oben in magere Erde gesetzt. Ihnen macht Trockenheit nichts aus, zudem haben sie einen erhöhten Kalkbedarf. Weiter unten pflanzen Sie Kräuter, die mehr Feuchtigkeit und Nährstoffe brauchen wie Bohnenkraut, Borretsch, Dill, Kamille, Knoblauch, Liebstöckel, Pimpinelle, Schnittlauch, Wein- und Eberraute. Wenn Sie genug Platz haben und Wasser mögen, lassen Sie die Kräuterspirale in einem kleinen Teich oder einem mit Wasser gefüllten Bottich auslaufen. Darin fühlt sich Brunnenkresse wohl, die besonders reich an Vitamin C ist.

Linke Seite:
Im klassischen Kloster-Kräutergarten sind die Pflanzenarten wohl geordnet.

Kräuter auf Balkon und Fensterbank

Nicht jeder besitzt einen eigenen Garten. Da aber viele Kräuter auch mit wenig Platz zufrieden sind, können Sie sie auch in Töpfen auf dem Balkon oder dem gesicherten Fenstersims ziehen. Zwar werden sie hier nicht so groß und so alt wie im Garten, dafür sind sie beim Kochen stets griffbereit. Stellen Sie zum Beispiel eine Basilikumpflanze vor das Küchenfenster. Sie hält lästige Fliegen ab und ist als Würzmittel schnell zur Hand. Zudem wird sie hier nicht von Schnecken vertilgt, was im Garten recht häufig geschieht.

Achten Sie beim Bepflanzen von Balkonkästen, Schalen oder Trögen darauf, Kräuter mit gleichen Ansprüchen hinsichtlich Standort, Erde, Größe und Feuchtigkeit zusammenzusetzen. Auch müssen Sie die jeweilige Wuchsstärke bedenken. Pflanzen, die in kurzer Zeit sehr groß werden und zum Wuchern neigen, verdrängen schwachwüchsige, kleinere Pflanzen. In den **Pflanzenporträts** ab Seite 131 finden Sie jeweils unter dem Punkt »Vermehrung/Pflege« Angaben zu den Bedürfnissen der einzelnen Kräuter. Wenn Sie diese beachten, steht Ihrem Kräutergarten auf dem Balkon, dem Fenstersims oder direkt im Beet nichts mehr im Wege. Ein besonders schönes Bild entsteht, wenn Sie Kräuter mit blühenden Blumen entsprechend der Jahreszeit kombinieren.

Da Erde und Nährstoffe auf so begrenztem Raum schneller verbraucht sind als im Gartenboden, müssen Sie öfter düngen. Auch sollten Sie häufiger gießen, da Balkonkästen schneller austrocknen. Versehen Sie die Kästen, Töpfe und Schalen mit einem Wasserabzug und einer Drainageschicht, bevor Sie die Erde einfüllen. Kaufen Sie keine billige Erde, sondern hochwertige Markenerde. Viele Gartenmärkte führen Spezialerde für Kräuter. Noch ein ganz wichtiger Punkt: Wenn Sie an einer viel befahrenen Straße wohnen, dann pflanzen Sie lieber Blumen. Hier angebaute Kräuter eignen sich nicht zum Verzehr, sie sind zu stark mit Autoabgasen belastet.

Kästen frieren im Winter schneller durch als die Erde im Garten. Ihre Pflanzen benötigen daher einen Winterschutz. Wenn es nicht zu kalt ist, genügt schon eine Abdeckung der Pflanzen mit Tannenreisig. Sinken die Temperaturen aber unter 0 °C, müssen Sie auch Ihre Kästen schützen. Stellen Sie die Kästen auf eine Noppenfolie, eine dicke Lage Zeitung oder Styropor und umhüllen Sie sie mit einer Schicht Laub oder Tannenreisig. Sobald die Temperatur wieder über 5 °C steigt, können Sie den Schutz unter den Pflanzen entfernen. Rosmarin ist sehr

Mit Kräutern kann man wunderschöne Pflanzschalen gestalten.

frostempfindlich und sollte lieber im Haus an einem hellen, kühlen Ort überwintern.

In der Wohnung gezogene Kräuter sind nicht so langlebig und leider auch nicht ganz so aromatisch wie die Kräuter im Freiland, da sie auf die natürlichen Gegebenheiten verzichten müssen. Um aber im Winter einen gesunden, vitaminreichen Vorrat an frischen Kräutern parat zu haben, eignen sie sich durchaus. Frische Kresse können Sie das ganze Jahr über auf dem Küchenfenster in speziellen Tontöpfchen ziehen (siehe Seite 172). Auch Basilikum, Melisse, Petersilie, Pimpinelle, Schnittlauch und Thymian wachsen gut an diesem Standort. Kräuter in der Wohnung müssen häufiger gegossen werden, da sie hinter Glas schneller austrocknen. Einmal abgeerntet, werden sie durch neue Pflanzen ersetzt. Am besten gedeihen Kräuter an Ost- oder Westfenstern. Nordfenster sind zu dunkel und auch Südfenster sind ungeeignet, da es den Pflanzen hier im Sommer zu heiß wird.

Kräuter ernten und konservieren

Eine hochwertige und lange haltbare Ernte ist die Krönung jedes Gartenjahres. Fast ein ganzes Jahr haben Sie Ihre Kräuter und Heilpflanzen gehegt und gepflegt und stattliche, ertragreiche Pflanzen herangezogen. Es wäre jammerschade, wenn Ihnen jetzt wertvolle Inhaltsstoffe durch Unkenntnis des Erntezeitpunkts verloren gehen oder gar Ihre ganze Ernte durch unsachgemäße Lagerung verdirbt. Die sachgemäße Ernte und fachmännische Aufbewahrung sind daher sehr wichtig. Wer Wildkräuter sammelt, sollte genaue Pflanzenkenntnisse besitzen, denn immer wieder gibt es Verwechslungen mit Giftpflanzen. An viel befahrenen Straßen, auf Wiesen, die von Hunden besucht werden und überall dort, wo gedüngt und gespritzt wird, sammeln Sie besser keine Pflanzen.

Der richtige Zeitpunkt

Frische Kräuter für die Küche pflückt man erst kurz bevor diese verarbeitet werden. Bei der Ernte für die Vorratshaltung geht man etwas anders vor. Die meisten Kräuter sind kurz vor oder während der Blüte reif. Reife bedeutet, dass ihr Gehalt an wertvollen Inhaltsstoffen und Aromen zu dieser Zeit am höchsten ist. Für den Wintervorrat sammelt man die Pflanze zum jeweils günstigsten Zeitpunkt. Diesen finden Sie in den **Pflanzenporträts**. Ein guter Kräutergärtner beobachtet seine Pflanzen sehr genau, denn durch ungünstige Gegebenheiten kann sich die Ernte auch verschieben. So ändern schlechte Wetterverhältnisse, zum Beispiel ein verregneter Sommer oder ein sehr kalter, lang anhaltender Winter, schnell den Erntetermin.

Für das Ernten der einzelnen Pflanzenteile gilt folgende Regel: Blätter werden morgens nach dem Tau gesammelt, Blüten mittags und Wurzeln abends. Bei Regen wird grundsätzlich nicht geerntet, die Kräuter sind dann wässrig. Gut ist es aber, wenn es einige Tage zuvor geregnet hat, denn dann ersparen Sie Ihren Kräutern das Waschen.

Getrocknete Kräutersträuße sind auch eine hübsche Dekoration für Haus und Garten.

So ernten Sie schonend

Die Kräuter werden sehr behutsam geerntet und sofort weiterverarbeitet. Ernten Sie niemals alle Triebe ab. Ausnahmen sind Kerbel und Kresse, die nicht mehr nachwachsen. Viele Kräuter verzweigen sich jedoch und werden buschiger, wenn Sie die Triebspitzen entfernen. Dies ist bei Basilikum, Estragon, Liebstöckel und den Minzen der Fall. Von Lorbeer, Rosmarin und Salbei sollten Sie nie mehr als ein Drittel der Trieblänge abschneiden. Bei mehrjährigen Kräutern, wie zum Beispiel Melisse und Oregano, werden immer wieder einzelne Triebe bis auf den Boden abgeschnitten. So wachsen neue aromatische Triebe nach.

Ernten Sie nur einwandfreie, unbeschädigte Pflanzenteile. Schütteln Sie die Pflanzen, damit Insekten oder andere kleine Tiere herausfallen. Kontrollieren Sie auch die Blattunterseiten,

Die frisch geernteten Kräuter werden sofort gebündelt und zum Trocknen im Schatten aufgehängt.

dort befinden sich manchmal Raupen oder Käfer. Geerntete Kräuter kommen in Weidenkörbe, niemals in Plastiktüten. Hier bildet sich Kondenswasser und die Pflanzen faulen schnell. Legen Sie nicht zu viele Kräuter übereinander, sie werden sonst gequetscht und ihre Qualität leidet.

Müssen die gesammelten Kräuter gewaschen werden, darf dies nur sehr schonend erfolgen. Nach dem Abspülen werden sie nur sanft abgetupft, nicht trocken gerieben oder gedrückt. Die Pflanzenteile zerkleinern Sie mit einem scharfen Messer, einer Schere oder mit den Fingern.

Kräuter trocknen

Längere Kräuter binden Sie zu Sträußen und hängen sie kopfüber im Schatten auf. Kurze Kräuter, Blüten und Blätter breiten Sie auf einem flachen Teller oder auf einem mit einem Geschirrtuch ausgelegten Backblech aus. Die Pflanzen benötigen zum Trocknen etwa 4 bis 8 Tage, je nach Luftfeuchtigkeit und Temperatur. Wurzeln werden gründlich von Erde befreit, unter fließendem Wasser gewaschen und mit einem Tuch getrocknet. Schneiden Sie von Würmern befallene und faulende Stellen ab und verarbeiten Sie die Wurzeln sofort weiter.

Sie können Ihre Kräuter auch im Backofen oder Dörrapparat trocknen. Dies geht wesentlich schneller als an der Luft, deshalb sollten Sie dabei anwesend sein. Sonst bleibt von den Kräutern unter Umständen nur ein staubiges Häufchen übrig. Die Temperatur im Backofen beträgt zum Trocknen der Kräuter etwa 30 °C. Stellen Sie, um diese Temperatur zu erreichen, den Regler auf 50 °C und lassen Sie die Backofentür leicht geöffnet.

Kräuter vertragen beim Trocken nur wenig Wärme und Feuchtigkeit, sonst gehen alle Inhaltsstoffe verloren. Gut zum Trocknen eignen sich schattige, luftige Plätze, wie etwa im Gartenhaus, Speicher oder Gästezimmer. Wenig geeignet ist die Küche, denn dort ist es zu feucht und fettig. Sehen Ihre Kräuter nach dem Trocknen dunkel oder fleckig aus, sind sie wertlos.

Fachmännisch aufbewahren

Getrocknete Kräuter werden in gut verschließbaren Gefäßen gelagert. Ob sie trocken genug sind, erkennen Sie daran, dass die Kräuter beim Anfassen rascheln. Streifen Sie die getrockneten Blätter von den Stielen und geben Sie diese in die Behälter. Kleinere Pflanzenteile füllen Sie sofort hinein, von den Samenkörnern müssen Sie eventuell kleine, dürre Pflanzenreste entfernen.

Verpackt man die Kräuter nicht sofort, ziehen sie an nebeligen oder regnerischen Tagen die Feuchtigkeit der Luft an und verderben ziemlich schnell. Für eine saubere, luftdichte Aufbewahrung eignen sich gut verschließbare Schraubgläser oder Dosen. Durchsichtige Glasbehälter haben den Vorteil, dass Sie Schimmelpilze oder kleine Tiere darin sofort sehen. Allerdings dürfen Sie solche Gläser nicht dem Sonnenlicht aussetzen, sonst zerfallen die wertvollen Inhaltsstoffe der Kräuter. Dies lässt sich vermeiden, indem Sie die Gläser in den Küchenschrank stellen oder getönte Glasbehälter verwenden. Beschriften Sie alle Behälter mit dem Pflanzennamen und dem Erntedatum. Länger als 1 Jahr sollten Sie Ihre kostbaren Gewürze und Teevorräte nicht aufbewahren. Die Heilstoffe und das Aroma sind dann nicht mehr so hochwertig. Besitzen Sie nach einem Jahr noch viele Restbestände, so aromatisieren Sie Essig und Öl damit (siehe Seite 53) oder geben Sie eine Hand voll der Kräuter zu einer Jauchebrühe.

Kräuter tiefkühlen

Von vielen Kräutern bleibt nach dem Auftauen nur noch ein kleines, fad schmeckendes Häufchen Grünzeug übrig. Gut zum Einfrieren eignen sich Bohnenkraut, Dill, Petersilie, Schnittlauch und Schnittsellerie. Verwenden Sie zum Tiefkühlen Gefrierbehälter mit Deckel. Darin können Sie die Kräuter einzeln oder als Mischung einfrieren. Tiefgefrorene Kräuter streuen Sie direkt in die Speisen. In Salatsoßen geben Sie sie 20 Minuten vor dem Servieren, so können sie ihr Aroma besser entfalten.

Omas Haus- und Heilmittel

Nicht bei jedem kleinen Zipperlein muss man gleich den Arzt aufsuchen. Oft hilft uns die Natur mit ihrer breiten Palette an Heilpflanzen. Pflanzliche Heilmittel haben bei sachgerechter Verwendung so gut wie keine schädlichen Nebenwirkungen. Unsere Großmütter besaßen einen reichen Erfahrungsschatz im Umgang mit selbst hergestellten Teemischungen, Tinkturen, Heilölen oder medizinischen Bädern. Sind die Krankheitssymptome jedoch schwerwiegenderer Natur, ist der Gang zum Arzt unerlässlich.

Tinkturen

Für die Herstellung einer Tinktur gilt folgendes **Grundrezept:**

10 Esslöffel frisch gehackte oder 5 Esslöffel getrocknete Kräuter werden in eine saubere Flasche gefüllt und mit 500 ml hochprozentigem Alkohol (Äthylalkohol oder Wodka) übergossen. Lassen Sie die gut verschlossene Flasche dann 2 bis 3 Wochen an einem warmen Ort durchziehen. Während dieser Zeit wird sie täglich geschüttelt. Danach filtern Sie die Tinktur ab und bewahren sie kühl und trocken auf.

Tinkturen werden unverdünnt oder mit etwas Wasser eingenommen, für Einreibungen, Kompressen, Tees oder als Badezusatz verwendet. Für Salben mischt man sie mit Bienenwachs, Lanolin (Wollfett) oder Kakaobutter.

Fichtenspiritus

Einreibungen mit Fichtenspiritus helfen bei Rheuma, Gicht und Hexenschuss.

- 2 Teile frisch gehackte Fichtensprossen, 1 Teil Wacholderbeeren, 1 Teil Lavendelblüten, 70-prozentiger Alkohol (alle Pflanzenteile müssen mit dem Alkohol bedeckt sein). Dann wie im Grundrezept beschrieben fortfahren.

Fichte

Picea abies – Kieferngewächs (auch Rottanne)

Botanisches: Dieser 40 bis 50 m hohe Baum besitzt eine rötliche, raue Rinde. An den Zweigen reifen 10 bis 16 cm lange und 3 bis 4 cm dicke Zapfen, die im Ganzen abfallen. Die vierkantigen, 1,5 bis 2 cm langen, dunkelgrünen, spitzen Nadeln wachsen spiralförmig am Zweig. Die Heimat der Fichte, die als wichtigstes europäisches Nutzholz gilt, ist Nord- und Mitteleuropa. Sie bevorzugt einen leicht sauren, feuchten Boden und kommt bis zu einer Höhe von 2000 m vor.

Inhaltsstoffe: Harz, ätherische Öle, Vitamin C

Ernte: Im April und Mai sammelt man die jungen, etwa 10 cm langen Triebe. Pflücken Sie immer von mehreren Bäumen und reißen Sie nie Triebe von der Krone ab, da der Baum dann verkrüppelt.

Verwendung: Die Germanen verehrten die Fichte als Symbol für Kraft und

Hoffnung, da sie eine außergewöhnliche Winterhärte besitzt und einen immergrünen Wuchs hat. In den nordischen Wäldern war die Fichte dem Lichtgott Balder geweiht. Noch heute setzen Zimmerleute beim Richtfest ein Fichtenbäumchen oder Fichtenzweige als Richtkrone aufs Dach. Auch als Maibaum steht häufig eine Fichte auf dem Dorfplatz.

Neben Fichtenspiritus bereitet man aus Fichtensprossen auch Fichtenhonig und Fichtenbäder zu. **Fichtenhonig** lindert Bronchitis, Grippe und Erkältungen. Bei rauem Hals oder Husten wird er löffelweise eingenommen oder in Tee aufgelöst. Zudem ist er ein wohlschmeckender Brotaufstrich. Zur Herstellung benötigt man einen großen Topf Frühjahrstriebe, gibt nach Wunsch noch je 1 Hand voll Brombeer-, Himbeer-, und Löwenzahnblätter zu und füllt mit Wasser auf. Anschließend kocht man die Triebe 1 Stunde und lässt den Ansatz über Nacht ziehen. Am folgenden Tag wird er abgefiltert und dabei gut ausgedrückt. 1 l Sud wird jetzt mit 1 kg Kandiszucker (oder 500 g Normalzucker und 500 g Kandiszucker) 2 Stunden sirupartig eingekocht und anschließend zur Aufbewahrung in Schraubgläser gefüllt.

Fichtennadelbäder dienen der allgemeinen Beruhigung, wirken schleim- und hustenlösend und fördern die Durchblutung. Man stellt sie entweder aus einem Extrakt her (Apotheke) oder bereitet sie mit frischen Fichtenzweigen zu. Diese kocht man 20 Minuten in einem abgedeckten Topf, filtert anschließend ab und gibt den heißen Sud ins Badewasser.

Frisch gesammelte Fichtensprossen.

Beinwelltinktur

Beinwelltinktur (Comfreytinktur) wird zum Einreiben bei Rheuma und Gliederschmerzen verwendet.

- Eine Hand voll geschälte, dünn gehobelte Wurzeln auf 1/2 l Alkohol (z. B. Kornschnaps) geben. Dann wie im Grundrezept beschrieben fortfahren (siehe Seite 32).

Beinwell

Symphytum officinale – Raublattgewächs (auch Schwarz- oder Speckwurz, Beinheil)

Botanisches: Die 80 bis 150 cm hohe, rau behaarte und ausdauernde Staude ist in Mitteleuropa und Westasien heimisch. Ihre dunkelgrünen Blätter sind lanzenförmig und 25 bis 30 cm lang. Die glockenförmigen rosa-purpurnen oder weißen Blüten erscheinen von Mai bis Juli. Beinwell wächst vorwiegend auf feuchten Wiesen, an Bachufern oder in Auenwäldern.

Inhaltsstoffe: Allantoin, Gerb- und Schleimstoffe, Pyrrolizidinalkaloide

Anbau: Beinwell lässt sich aus Samen

Beinwell braucht viel Platz.

ziehen. Einfacher ist es jedoch, eine Jungpflanze in einer Baumschule zu kaufen oder die Pflanze durch Wurzelteilung zu vermehren. Beinwell bevorzugt nährstoffreichen, feuchten Boden in sonniger Lage oder lichtem Halbschatten. Deshalb fühlt sich die üppige, stark wachsende Pflanze am Rande einer Hecke oder an einem Teich wohler als im sonnigen Kräuterbeet. Beinwell hat einen hohen Nährstoffbedarf und sollte mit reichlich Kompost gedüngt werden. Gut bewährt hat sich auch das Mulchen mit organischen Abfällen rund um die Pflanze.

Ernte: Die Wurzel einer kräftigen Pflanze wird im April/Mai oder im Oktober/November vorsichtig ausgegraben. Nachdem sie gut gereinigt ist, wird sie längs halbiert und zum Trocknen auf einen Faden gezogen. Sie darf erst nach vollständiger Trocknung in Schraubgläsern aufbewahrt werden.

Verwendung: Wie der volkstümliche Name Beinheil andeutet, beschleunigt Beinwell durch seinen Wirkstoff Allantoin die Heilung von Knochenbrüchen und Wunden.

Bei schlecht heilenden Wunden, Prellungen, Quetschungen, Gliederschmerzen und Rheuma verschaffen Tinkturen, Salben oder Breiumschläge Linderung. Für **Breiumschläge** werden 1 bis 2 getrocknete Wurzeln fein gemahlen, in einer Tasse mit sehr heißem Wasser und einigen Tropfen Speiseöl schnell zu einem Brei verrührt und warm in einem Leinentuch auf das betroffene Körperteil gelegt. Zur Herstellung von **Beinwellsalbe** werden frische, gewaschene Beinwellwurzeln (1 bis 2) in kleine Stücke geschnitten oder grob geraffelt. Die Stücke gibt man in einen Topf mit 50 g flüssigem Schweineschmalz oder Lanolin (Wollfett) und kocht sie vorsichtig auf. Die Mischung zieht über Nacht durch und wird am folgenden Tag nochmals erhitzt. Dann gießt man die Mischung durch ein mit einem Tuch ausgelegtes Sieb und presst die Wurzeln gut aus. Die fertige Salbe wird in kleine, saubere Behälter gefüllt und im Kühlschrank aufbewahrt. Tragen Sie die Salbe dünn auf.

Immer wieder werden Gemüsezubereitungen aus Beinwellblättern empfohlen, da diese sehr viel Vitamin A, C und B-Vitamine enthalten. Doch ist Beinwell eigentlich eine hoch wirksame Arzneipflanze und aufgrund ihres Alkaloidgehalts nicht für den Verzehr geeignet.

Im naturnahen Garten hat sich eine Jauchebrühe aus Beinwellblättern für stark zehrendes Gemüse bestens bewährt. Die stark behaarten Beinwellblätter können bei empfindlichen Menschen Hautreizungen hervorrufen.

Man sollte daher beim Pflücken stets Handschuhe tragen.

Ringelblumentinktur

Ringelblumentinktur ist ein beliebtes Mittel zum Einreiben bei Verrenkungen, Verstauchungen und Kreuzschmerzen.

- 2 Hand voll frisch geerntete Blüten, 750 ml Kornschnaps. Die Blüten durchschneiden, in Flaschen füllen und mit Alkohol auffüllen. Dann wie im Grundrezept beschrieben fortfahren (siehe Seite 32).

Ringelblume

Calendula officinalis – Korbblüter (auch Regen-, Studenten-, Toten-, Warzen- oder Magdalensblume)

Botanisches: Die alte Heilpflanze stammt vermutlich aus dem Mittelmeerraum. Die lanzenförmigen Blätter und der kantige, verzweigte Stängel sind stark behaart. An den Spitzen der Stängel sitzen die 4 bis 7 cm großen Blütenköpfe. Sie blühen von Juni bis in den Oktober in schönen Orangetönen. Die gesamte Pflanze wird 30 bis 50 cm hoch.

Inhaltsstoffe: Ätherische Öle, Carotinoide und Xanthophylle (Vorstufen von Vitamin A), Substanzen der Saponin-Gruppe, Harze, Bitterstoffe, organische Säuren

Anbau: Am besten gedeihen Ringelblumen in voller Sonne, auch lichten Schatten akzeptieren sie noch. Sie dürfen dann aber nicht zu dicht gepflanzt werden, sonst sind die Blätter in feuchten Sommern anfällig für Mehltau. Optimal sind gut durchlässige, nicht zu nahrhafte Böden, Staunässe sollte unbedingt vermieden werden.

Ringelblumen in voller Blüte.

Die Pflanze ist einjährig, doch sät sie sich manchmal selbst aus. An ihrem Standort vertreibt sie Fadenwürmer (Nematoden), die Welkerscheinungen und Wachstumsstockungen auslösen.

Ernte: Frische Blätter erntet man nur von ganz jungen Pflanzen, bei älteren Pflanzen sind sie bitter und hart. Blütenköpfe werden grundsätzlich in der Mittagszeit gepflückt, Blätter hingegen morgens nach dem Tau. Zum Trocknen der Blütenköpfe oder der Strahlenblüten wählen Sie eine länger anhaltende, trockene Sommerperiode.

Verwendung: Der Volksmund nennt die Ringelblume auch Barometer- oder Regenblume. Haben sich ihre Blüten nämlich zwischen 6 und 7 Uhr morgens geöffnet, wird der Tag sonnig. Bleiben ihre Blüten dagegen noch nach 7 Uhr geschlossen, wird es wahrscheinlich regnen.

Ringelblumenblütentee lindert Entzündungen der Schleimhäute im Mund- und Rachenraum. Dafür gibt man 1 bis 2 Teelöffel getrocknete Blütenblätter in eine Tasse, gießt mit heißem Wasser auf und filtert nach

10 Minuten ab. Spülen oder gurgeln Sie mehrmals täglich mit diesem Tee.

Umschläge aus frischen Blättern helfen bei Hautentzündungen, Warzen und Hühneraugen. Da der Saft die Haut zarter macht, weichen solche Umschläge auch Hornhaut auf. Ein Rezept für **Ringelblumensalbe** finden Sie auf Seite 45.

Ringelblumenblüten dienten früher als Ersatz für den teuren Safran. Schon einige getrocknete Blütenblättchen verleihen beispielsweise Reis eine schöne gelbe Farbe und einen angenehm bitter-aromatischen Geschmack.

Heilöle

Für die Herstellung eines Heilöles gilt folgendes **Grundrezept:** 7 Esslöffel frisch gehackte Kräuter werden in ein sauberes Gefäß gefüllt und mit 300 ml bestem Olivenöl übergossen. Lassen Sie das gut verschlossene Gefäß an einem warmen, hellen Ort mindestens 2 Wochen durchziehen. Während dieser Zeit wird der Ansatz täglich geschüttelt. Danach filtern Sie das Heilöl ab, füllen es in dunkle Flaschen und bewahren es kühl auf. Heilöl wird vor allem zum Einreiben betroffener Körperstellen verwendet.

Lavendelöl

Lavendelöl lindert neuralgische Muskel- und Kopfschmerzen, wirkt kräftigend und beruhigend.

- 2 bis 3 Hand voll frische oder getrocknete Blüten, 300 ml bestes Olivenöl. Dann wie im Grundrezept beschrieben fortfahren. Der Ansatz muss 5 bis 6 Wochen ziehen.

Lavendel

Lavandula angustifolia – Lippenblütler (auch Speik)

Botanisches: Dieser 30 bis 60 cm hohe, stark duftende Halbstrauch stammt aus dem Mittelmeerraum. Seine nadelförmigen Blätter sind 2 bis 4 cm lang und silbergrün. Von Juli bis September erscheinen blaue, lilafarbene oder weiße Blüten in ährenförmigen, unterbrochenen Blütenständen.

Inhaltsstoffe: Ätherisches Öl, Gerbstoffe

Anbau: Lavendel bildet eine tiefe Pfahlwurzel und verlangt deshalb einen guten Wasserabzug. Er benötigt einen trockenen, leicht kalkhaltigen Boden in voller Sonne. In rauen Lagen ist er dankbar für einen Winterschutz. Nach der Blüte wird der Strauch etwas zurückgeschnitten.

Ernte: Lavendel erntet man am besten in den Vormittagsstunden, wenn der Tau abgetrocknet ist. Die Blüten sollten voll erblüht sein. Sie werden zu Büscheln gebunden und im Schatten zum Trocknen aufgehängt.

Junge Blattspitzen können das ganze Jahr über geerntet werden, doch sind sie im Winter etwas weniger aromatisch.

Verwendung: Der botanische Name *Lavandula* stammt vom lateinischen

Lavendel hilft bei Kopfschmerzen.

Johanniskraut ist gut für die Nerven.

»lavare« (waschen). Schon die Römer benutzten Lavendel für ihre Reinigungsbäder. Ein Lavendelbad entspannt und regt gleichzeitig den gesamten Organismus an.

Bei entzündeten Wunden, Ekzemen und Verbrennungen dient Lavendel als Antiseptikum. Früher rieben Jäger ihre Hunde nach Schlangenbissen mit Lavendelbüscheln ab, um Vergiftungen zu verhindern.

Bei Verspannungen und Gliederschmerzen hilft **Lavendelgeist**. Dafür übergießen Sie 30 g Lavendelblüten mit 500 ml 70-prozentigem Alkohol, lassen den Ansatz einige Tage ziehen und filtern dann ab. Drücken Sie die Blüten dabei gut aus. Der fertige Lavendelgeist wird in Flaschen gefüllt. Tupfen Sie ihn bei Kopfschmerzen auf Stirn und Schläfen, aber bringen Sie nichts in die Augen.

Lavendel ist auch eine gerne verwendete Zutat für Potpourris und Duftsäckchen. In den Wäscheschrank gelegt vertreibt er Motten und anderes Ungeziefer.

Als Würzkraut passt Lavendel zu Fischgerichten, Wildmarinaden und Kräuterbutter.

Johanniskrautöl

Johanniskrautöl (Rotöl) hilft bei Prellungen, Gicht, Rheuma und Verbrennungen.

- 250 g Johanniskrautblüten, 500 ml Olivenöl. Dann wie im Grundrezept beschrieben fortfahren (siehe Seite 36). Der Ansatz muss mindestens 2 Monate an einem sonnigen Platz durchziehen. Das Öl ist gebrauchsfertig, sobald es sich rot färbt.

Johanniskraut

Hypericum perforatum – Hartheugewächs (auch Blut-, Frauen- oder Wundkraut, Teufelsflucht, Johannis- oder Herrgottsblut, Hartheu)

Botanisches: Als Heimat des Johanniskrauts gelten Europa und Teile Asiens.

Hier wächst es an Wegrändern, auf Magerrasen und in Gebüschen. Die ausdauernde Staude wird 30 bis 60 cm hoch. Der Stängel besitzt zwei Längsleisten, mit gegenständigen, länglichen bis eiförmigen Blättern. Daran – wie auch an den Kelchblättern der Blüten – sitzen zahlreiche punktförmige Drüsen, die ätherische Öle enthalten. Die leuchtend gelben Blüten stehen in dichten Rispen und blühen von Juni bis September.

Aufgrund der zahlreichen Drüsen wirkt Johanniskraut gegen das Licht betrachtet wie perforiert. Verreibt man die gelben Blüten zwischen den Fingern, werden sie purpurrot. Dies ist ein wichtiges Erkennungsmerkmal der Pflanze. Der Effekt wird durch den Inhaltsstoff Hypericin ausgelöst, der sich im Sonnenlicht rot färbt.

Inhaltsstoffe: Hypericin, Gerbstoffe, Rutin, Rhodan, Phlophene

Anbau: Johanniskraut braucht einen sonnigen Platz im Kräuterbeet. Der Boden sollte locker und gut wasserdurchlässig sein, bei lehmigem Boden mischen Sie etwas Sand unter. Die kleine Staude ist in jeder gut sortierten Gärtnerei erhältlich. Achten Sie jedoch darauf, dass Sie keine Zierform kaufen. Diese sind für medizinische Zwecke wertlos.

Ernte: Den höchsten Gehalt an Wirkstoffen besitzt Johanniskraut um den Johannistag (21. Juni). Günstige Erntetermine sind aber auch noch die Monate Juli und August.

Verwendung: Wie der volkstümliche Name Herrgotts- oder Johannisblut andeutet, ist diese Pflanze ganz besonders heilkräftig. Johanniskraut mildert nicht nur depressive Zustände, sondern unterstützt auch das Ausheilen von Krankheiten und Wunden. Ferner ist es schmerzlindernd, entzündungshemmend und heilend. Man bezeichnet es auch als »Arnika der Nerven«.

Für äußerliche Anwendungen – also für Umschläge oder Einreibungen – eignet sich neben Johanniskrautöl auch eine **Tinktur**. Als Zutaten benötigen Sie 1 l Branntwein und 2 Hand voll in der Sonne gepflückte Blüten. Dann wie im Grundrezept (siehe Seite 32) beschrieben fortfahren. Der Ansatz muss 3 Wochen an einem sonnigen Platz durchziehen.

Innerlich angewendet hilft diese Tinktur bei Nervenleiden, Nervenentzündungen, Schlaflosigkeit, Nervenschwäche oder nervösen Magen-Darm-Beschwerden. Bei diesen Symptomen nehmen Sie die Tinktur tropfenweise mit Tee verdünnt ein. Die Dosis sollte einen halben Teelöffel pro Tag nicht überschreiten.

Ebenso wirkt ein **Tee aus Johanniskraut**, den man dreimal täglich trinkt. Dafür übergießen Sie 1 gehäuften Teelöffel getrocknete Blüten und obere Stängelteile mit 250 ml kochend heißem Wasser. Lassen Sie den Tee etwa 5 Minuten ziehen.

Eine Einschränkung für Tinktur und Tee gibt es allerdings: Sie dürfen nicht länger als 6 Wochen am Stück eingenommen werden. Durch seinen Wirkstoff Hypericin wirkt Johanniskraut photosensibilisierend. Das bedeutet, die menschliche Haut reagiert überempfindlich auf Licht und Kunstlicht. Während einer Kur sind Sonnenbäder also verboten, da es sonst zu Hautschäden kommt.

Kräuterbäder

Kräuterbäder sind auch in unserer Zeit ein wertvolles Hausmittel geblieben. Je nach gewähltem Kräutlein wirken sie beruhigend, belebend oder lindern eine beginnende Erkältung.

Vollbäder mit Kräuterauszügen werden bei einer Wassertemperatur von 35 bis 38°C genommen. Die Badedauer sollte 10 bis 20 Minuten nicht überschreiten, was für medizinische Bäder vollkommen ausreicht. Anschließende Bettruhe ist sehr zu empfehlen, da die Bettwärme die Wirkung des Vollbades verstärkt.

Die Mengenangaben bei den nachfolgenden Rezepturen beziehen sich auf **getrocknete Kräuter**, bei frischen verdoppeln Sie die Menge einfach. Wer wenig Zeit hat, kann auch auf hochwertige Öle aus der Apotheke zurückgreifen. Damit sich Öl und Wasser besser verbinden, benutzen Sie als Emulgator eine Tasse Milch oder Sahne. Das macht gleichzeitig die Haut geschmeidig.

Baldrianbad

Ein Baldrianbad wirkt entspannend und beruhigend.

- 100 g Baldrianwurzel, 3 l Wasser. Lassen Sie Baldrianwurzel und Wasser in einem Topf 10 Minuten kochen. Dann filtern Sie ab und gießen den Extrakt ins Badewasser.

Baldrian

Valeriana officinalis – Baldriangewächs (auch Katzen- oder Hexenkraut)

Botanisches: Baldrian wächst in feuchten Wiesen, Wäldern und Gräben in

Baldrian blüht weiß bis rosa.

Europa und Asien. In südlichen Ländern kommt er seltener vor. Die 70 bis 150 cm hohe, ausdauernde und winterharte Staude besitzt einen hohlen, längs gefurchten Stängel und fein geteilte Fiederblätter. Im Frühsommer erscheinen die blassrosa, doldenartig angeordneten Blüten. Auf Katzen wirkt der Geruch von Baldrian unwiderstehlich, sie wälzen sich regelrecht in der Staude.

Inhaltsstoffe: Valepotriate, ätherisches Baldrianöl (mit Valeranon, Valerenal), Valerensäuren

Anbau: Baldrian wächst in voller Sonne ebenso wie im Schatten. An den Boden stellt er keine besonderen

Ansprüche, bevorzugt aber feuchte Stellen. Die Qualität der Wirkstoffe ist jedoch höher an warmen Standorten mit gutem Boden. Die Vermehrung erfolgt durch vorsichtige Teilung der Pflanze im Frühjahr oder Herbst oder durch Aussaat im Frühjahr. Ins Pflanzloch kommt reichlich Kompost, um die Pflanze herum wird gemulcht.

Ernte: Im Herbst gräbt man die Wurzeln einer mindestens 2 Jahre alten Pflanze vorsichtig aus. Sie werden gut gewaschen und im Schatten getrocknet.

Verwendung: Baldrian ist ein Volksheilmittel gegen mancherlei Krankheiten, vor allem psychisch bedingte. Es wird angewendet bei nervös bedingten Unruhezuständen, Einschlafstörungen und nervösen Magen-Darm-Beschwerden. Seit dem 5. Jahrhundert v. Chr. fehlt er in keinem Heilpflanzenbuch. Interessanterweise kannte man ihn nicht als Beruhigungsmittel. Man sah in ihm vielmehr ein gutes Mittel gegen die Pest und eine wirksame Abwehrpflanze gegen Teufel und Hexen.

Baldriantee ist eine hervorragende Einschlafhilfe. Er hilft zudem bei Angstzuständen, nervöser Unruhe und Prüfungsstress. Dafür übergießen Sie 1 bis 2 Teelöffel zerkleinerte Wurzel mit 250 ml kaltem Wasser und lassen den Ansatz über Nacht ziehen. Dann filtern Sie ab. Der Tee wird schluckweise über den Tag verteilt getrunken. Wer möchte, kann ihn vorsichtig erwärmen. Die Maximalmenge pro Tag beträgt 2 bis 3 Tassen. Bedenken Sie, dass es sich um einen Heiltee handelt, der nicht für den Dauergebrauch geeignet ist. Baldrian hat einen leicht süßlichen, schwach gerbenden und würzigen Geschmack.

Melissenbad

Ein Melissenbad wirkt entspannend und beruhigend.

- 50 bis 60 g Melissenblätter, 1 l Wasser. Übergießen Sie die Melissenblätter in einem Topf mit dem Wasser. Dann bringen Sie die Flüssigkeit zum Sieden und filtern nach 10 Minuten ab. Gießen Sie den Extrakt ins Badewasser.

Melisse

Melissa officinalis – Lippenblütler (auch Honigblatt, Bienenkraut, Zitronenmelisse)

Botanisches: Diese äußerst winterfeste, buschige Staude wird 60 bis 90 cm hoch. An ihren kantigen Stängeln sitzen kleine, gesägte, nesselähnliche Blätter mit einem kräftigen Zitronenduft. Im Sommer erscheinen in den Blattachseln unauffällige weiße Blüten. Ihre ursprüngliche Heimat ist der östliche Mittelmeerraum und der Orient.

Inhaltsstoffe: Ätherisches Öl mit Citral, Citronellal, Gerbstoffe, Flavonoide

Anbau: Melisse gedeiht in voller Sonne und im Halbschatten. Der Boden sollte nährstoffreich und feucht sein. Um die Pflanze wird stets gut gemulcht. An günstigen Standorten kann sie regelrecht wuchern. Die Vermehrung erfolgt durch Aussaat im zeitigen Frühjahr oder durch Teilung einer Mutter-

pflanze im Frühjahr oder Herbst.
Ernte: Für einen größeren Vorrat erntet man kurz vor der Blüte im Juni oder Juli. Man schneidet die oberen Teile der Stängel ab, bindet sie zu Sträußen und hängt sie kopfüber an einen luftigen Platz. Junge Blätter können den ganzen Sommer über gepflückt werden.
Verwendung: Spricht man bei uns von Melisse, so meint man üblicherweise die Zitronenmelisse. Die Pflanze mit dem intensiven Duft nach Zitrone ist eine hervorragende Bienenweide. Sie ist eine der wenigen Heilpflanzen, die für den Dauergebrauch geeignet sind.

In der Volksmedizin findet die Melisse Verwendung bei Magen-Darm-Beschwerden, leichten Fällen von Schlafstörungen, Menstruationskrämpfen, nervösen Unruhezuständen, Migräne und Erkältungsbeschwerden. Für einen **Melissentee** übergießen Sie 1 bis 3 Teelöffel getrocknetes Kraut mit 500 ml Wasser, lassen dies abgedeckt 10 Minuten ziehen und filtern dann durch ein Teesieb ab.

Für die äußerliche Anwendung stehen **Melissenöl** und **Melissenspiritus** zur Verfügung, die Sie gebrauchsfertig in der Apotheke erhalten. Bei Kopfschmerzen oder Muskelverspannungen helfen einige Tropfen Melissenspiritus auf den betroffenen Stellen. Melissenöl benutzen Sie zum Einreiben bei Magen- und Darmschmerzen, für ein schnelles entspannendes Bad und für die Duftlampe.

Berühmt ist der **Melissengeist**, der von Karmelitermönchen 1611 entwickelt wurde. Heute enthält er trotz seines Namens keine Melisse mehr, sondern »Oleum Citronellae« (auch »Oleum Melissae indicum«). Dahinter verbirgt sich eine aus Ostindien stammende Grasart mit einem zitronenartigen und melissenähnlichen Geruch.

Zitronenmelissentee ist wohlschmeckend und hilft bei Magen-Darm-Beschwerden.

In der Küche sind frische Melissenblätter durch ihr herrliches Zitronenaroma eine beliebte Zutat für Salate, Süß- und Quarkspeisen, Sommerdrinks und Kräuterlikör (siehe Seite 55). Melissenblätter werden roh verzehrt und den Speisen erst ganz zum Schluss beigegeben.

Lavendelbad
Lavendel als Badezusatz entspannt und beruhigt die Nerven.

- 50 bis 60 g Lavendelblüten, 1 l Wasser. Übergießen Sie die Lavendelblüten in einem Topf mit dem kochenden Wasser, lassen Sie alles 20 Minuten ziehen und filtern dann ab. Gießen Sie den fertigen Extrakt ins Badewasser.

Rosmarin wirkt anregend.

Rosmarinbad

Ein Rosmarinbad belebt und regt den Kreislauf an. Allerdings ist es am Abend nicht empfehlenswert, da man anschließend nur schlecht Schlaf findet.

- 50 bis 60 g Rosmarinnadeln, 1 l Wasser. Übergießen Sie die Rosmarinnadeln in einem Topf mit dem Wasser. Dann bringen Sie die Flüssigkeit zum Sieden, lassen 10 Minuten ziehen und filtern ab. Gießen Sie den Extrakt ins Badewasser.

Rosmarin

Rosmarinus officinalis – Lippenblütler (auch Gedenkemein, Hochzeitskraut, Meertau, Rosemarie)

Botanisches: Dieser immergrüne und mehrjährige Halbstrauch stammt aus dem Mittelmeerraum. Er wird 50 bis 200 cm hoch und besitzt nadelartige, 2 bis 3 cm lange und 4 mm breite Blätter. Im Frühjahr erscheinen in den Blattachseln die blassblauen, rosa oder weißen Blüten.

Inhaltsstoffe: Reichlich ätherische Öle, Gerb- und Bitterstoffe, Harz und Säuren

Anbau: Rosmarin ist in unseren Breiten nur in Gebieten mit mildem Weinbauklima winterhart. Da Rosmarin sehr langsam wächst, empfiehlt es sich nicht, ihn aus Samen zu ziehen. Es ist sinnvoller, eine Jungpflanze in einer Baumschule zu kaufen oder ihn im späten Frühjahr bzw. frühen Herbst durch Stecklinge zu vermehren. Dafür stecken Sie 10 cm lange Triebe in eine Mischung aus 2 Teilen grobem Sand und 1 Teil Anzuchterde.

Rosmarin braucht einen vollsonnigen Standort mit lockerem, humosem Boden. Kleinere Pflanzen holt man vor den ersten Nachtfrösten ins Haus und überwintert sie hell und kühl bei mäßigem Gießen. Ältere ausgepflanzte Exemplare benötigen im Wurzelbereich einen Winterschutz. Rosmarin wird mit reichlich Kompost gedüngt und erhält eine organische Düngung im Frühsommer. Düngen Sie ab August nicht mehr, damit das Holz ausreifen kann.

Ernte: Triebspitzen oder einzelne Nadeln können ganzjährig geerntet werden.

Verwendung: Von alters her schrieb man Rosmarin, dem an Duft wohl nur noch der Lavendel gleichkommt, viele kräftigende und heilende Eigenschaften zu. Wegen seines belebenden Duftes gilt er als Stärkungsmittel für das Gedächtnis. Weiterhin steht er für Treue in Liebe und Ehe. Im bäuerlichen Brauchtum wurde er als immergrüne Zierde bei Hochzeiten und kirchlichen Festen in Kränze oder Sträuße gebunden. Wie viele andere Heilpflanzen gelangte auch er über die Klostergärten zu uns.

Rosmarin hilft bei Blähungen, Verdauungsstörungen, Völlegefühl und regt den Appetit an. Doch ist er bei übermäßigem Gebrauch nicht unbedenklich, da er Magen und Darm reizen kann. Schwangere sollten ihn deshalb ganz meiden. Rosmarin wirkt anregend, kräftigend und nervenstärkend. Bei niedrigem Blutdruck und Schwächezuständen hilft **Rosmarintee**. Überbrühen Sie dafür 1 Teelöffel getrocknete Rosmarinnadeln mit kochendem Wasser, lassen 15 Minuten ziehen und filtern dann durch ein Teesieb ab.

Verspannungen, Sportverletzungen oder rheumatischen Beschwerden lindern Einreibungen mit **Rosmarinspiritus**. Zur Herstellung benötigen Sie 30 g getrockneten Rosmarin und 500 ml 70-prozentigen Alkohol. Dann wie im Grundrezept (siehe Seite 32) beschrieben fortfahren. Der Ansatz muss mindestens 4 Wochen an einem sonnigen Platz durchziehen. Bewahren Sie den fertigen Spiritus in einer dunklen Flasche auf.

Aufgrund seines starken Eigengeschmacks wird frischer oder getrockneter Rosmarin in der Küche nur sehr sparsam eingesetzt. Er wird mitgekocht und passt gut zu italienischen Gerichten, Hähnchen, Schweinebraten, Lamm, Tomatensuppe, Eintöpfen und gegrilltem Fleisch.

Thymianbad

Ein Bad mit Thymian lindert aufkommende Erkältungsbeschwerden.

- 100 g Thymiankraut, 3 l Wasser. Übergießen Sie den Thymian in einem Topf mit dem Wasser. Dann bringen Sie die Flüssigkeit zum Sieden, lassen abgedeckt 20 Minuten ziehen und filtern ab. Gießen Sie den Extrakt ins Badewasser.

Thymian

Thymus vulgaris – Lippenblütler (auch Gartenthymian, Quendel, Wurstkraut, Demut)

Botanisches: Thymian ist ein reich verzweigter, 20 bis 30 cm hoher Halbstrauch. Seine Heimat ist das westliche Mittelmeergebiet. Er besitzt kleine elliptische Blättchen, die am Rand etwas eingerollt sind. Ab Mai erscheinen hellviolette, duftende Blüten.

Inhaltsstoffe: Ätherisches Öl mit Thymol und Carvacrol, Gerb- und Bitterstoffe, Flavonoide

Anbau: Thymian benötigt einen vollsonnigen, trockenen Standort mit magerem Boden. Am besten gedeiht er in einer Kräuterspirale oder im Steingarten. Er sollte nicht gedüngt werden. Schneiden Sie im Spätsommer die alten Blütenstände und vertrockneten Zweige ab. Dieser regelmäßige Rückschnitt beugt einem Verkahlen der Pflanze vor.

Ernte: Thymian wird kurz vor oder während der Blüte von Juni bis August geerntet. Sammeln Sie die Triebe mit den Blüten in der Mittagszeit. Der Gehalt an ätherischen Ölen ist dann be-

Thymian gibt es in verschiedenen Sorten mit den unterschiedlichsten Duftnoten.

sonders hoch. Nach der Ernte muss das Kraut rasch getrocknet werden. Verwendung: Im alten Ägypten war Thymian sehr gefragt und wurde sogar landwirtschaftlich angebaut. Man benötigte ihn zur Wundbehandlung und als Zutat zu den Mumifizierungsmitteln. Das griechische Wort »thymos« bedeutet Kraft, Mut, Tapferkeit und Stärke und man glaubte, dass der reichliche Genuss von Thymian diese Tugenden stärken würde. Tatsächlich besitzt Thymian eine stark desinfizierende Wirkung, er tötet nicht nur Bakterien, sondern auch Viren. Durch seine schleimlösende Wirkung hilft er bei Husten und Heiserkeit. Er steigert die körpereigenen Abwehrkräfte, regt den Appetit an und löst Krämpfe.

Bei Magen- und Darmkrämpfen können Sie Thymian äußerlich und innerlich anwenden. Reiben Sie Ihren schmerzenden Magen oder Unterleib mit Thymianöl ein oder legen Sie ein mit Thymian gefülltes Kräuterkissen (siehe Seite 58) auf. **Thymianöl** erhalten Sie in der Apotheke oder Sie stellen es selbst her. Dafür benötigen Sie 1 Hand voll Blütenstände auf 500 ml kaltgepresstes Olivenöl. Dann wie im Grundrezept beschrieben fortfahren (siehe Seite 36). Die Pflanzenteile müssen ganz mit Öl bedeckt werden, sonst schimmeln sie.

Thymiantee trinkt man bei akuten Beschwerden wie auch zur Vorbeugung. Dafür überbrühen Sie 1 Teelöffel getrocknetes Kraut mit 250 ml gerade kochendem Wasser. Dann lassen Sie den Tee kurz ziehen. Die Tagesmenge sollte zwei Tassen nicht überschreiten.

Als Würzkraut macht Thymian Speisen bekömmlicher. Mit seinem aromatischen Geschmack eignet er sich für Eintöpfe, Kartoffeln, Fleischgerichte, Nudeln und viele Gerichte aus der Mittelmeerküche.

Salben

Für die Herstellung einer Salbe gilt folgendes **Grundrezept:** Man erhitzt 50 g Schweineschmalz in einem Topf und rührt 3 Esslöffel klein geschnittene Kräuter hinein. Diese werden kurz behutsam angedünstet und dann vom Herd genommen. Legen Sie einen Deckel auf und lassen Sie diese Mischung mindestens 10 Minuten durchziehen. Dann filtern Sie durch ein Leintuch ab. Pressen Sie das Tuch dabei gut aus, da sonst wertvolle Rückstände hängen bleiben, und füllen Sie die noch warme Salbe sofort in vorbereitete Gläser oder Tiegel, z. B. leere Cremedosen. Achten Sie bei der Herstellung von Salben auf absolut saubere Gefäße und Arbeitsgeräte.

Als Salbengrundlage können Sie statt Schweineschmalz, das nur 3 bis 4 Monate haltbar ist, auch Lanolin (Wollfett) verwenden. Dieses hält bei Aufbewahrung im Kühlschrank bis zu 1 Jahr. Allerdings darf Lanolin bei der Verarbeitung nicht zu stark erhitzt werden. Weiterhin eignet sich jedes andere gute Pflanzenfett. Sollte die Salbenzubereitung nicht geschmeidig genug sein, geben Sie etwas Öl hinzu.

Noch ein Tipp: Greifen Sie niemals mit den Fingern in den Salbentiegel. So können Bakterien oder andere Verunreinigungen in die Salbe gelangen und diese verdirbt. Entnehmen Sie die benötigte Salbenportion stattdessen mit einem Holzspatel, einem Messer oder dem Stiel eines Löffels.

Ringelblumensalbe

Ringelblumensalbe ist ein beliebtes Mittel bei schlecht heilenden Wunden.

- 3 Esslöffel frisch gehackte Blüten und einige Blätter, 50 g Schweineschmalz oder Lanolin. Dann wie im Grundrezept beschrieben fortfahren. Alte Rezepte empfehlen, die Masse 1 Tag durchziehen zu lassen. In diesem Fall wird das Schmalz am nächsten Tag wieder leicht erwärmt und erst dann durch ein sauberes Tuch gefiltert. Ringelblumensalbe wird kühl aufbewahrt.

Spitzwegerichsalbe

Diese hervorragende Wundsalbe wird auf die Ränder von Verletzungen aufgetragen.

- 3 Esslöffel getrocknete Spitzwegerichblätter, 1/2 Esslöffel getrocknete Sauerampferblätter, 50 g Lanolin. Dann wie im Grundrezept beschrieben fortfahren. Spitzwegerichsalbe ist etwa 1 Jahr haltbar.

Spitzwegerich

Plantago lanceolata – Wegerichgewächs (auch Heufresser, Rippenkraut, Siebenrippen, Wegtritt)

Spitzwegerich ergibt eine sehr gute Heilsalbe.

Botanisches: Spitzwegerich wächst auf trockenen Wiesen, an Wegrändern und auf Äckern. Lanzenförmige Blätter bilden eine Rosette. Der Blütenstiel ist länger als die Blätter und trägt unscheinbare bräunliche, walzenförmige Blütenähren. Die Staubgefäße sind lang und zierlich, Blütezeit ist von Mai bis September. Spitzwegerich ist weltweit verbreitet. Ähnlich gute Heilwirkungen hat auch der Breitwegerich (*Plantago major*).
Inhaltsstoffe: Schleim- und Gerbstoffe, Kieselsäure, Iridoidglykoside Aucubin, Catapol
Anbau: Spitzwegerich ist ein heilkräftiges Wildkraut. Sollten Sie ihn nicht ohnehin im Garten haben, so können Sie sich vorsichtig drei bis vier Pflanzen bei Bekannten im Garten ausgraben und bei sich ansiedeln. Pflanzen Sie ihn am besten als Gruppe mit 10 bis 20 cm Abstand ins Kräuterbeet oder vereinzelt in eine Wildblumenwiese.
Ernte: Wegerichblätter sammelt man von Mai bis September. Gehen Sie bei der Ernte besonders behutsam vor, da die Blätter sehr schnell dunkel oder schwarz werden und dann nicht mehr für Heilzwecke geeignet sind. So dürfen sie beim Pflücken und Transportieren nicht gedrückt werden. Beim anschließenden Trocknen sollten sie nicht zu dicht nebeneinander liegen.
Verwendung: Spitzwegerich wird bereits in einer Handschrift aus dem 12./13. Jahrhundert erwähnt. In die Schuhe gelegt sollte er beim Wandern der Blasenbildung vorbeugen. Im Mittelalter war Spitzwegerich eine hoch geschätzte Heilpflanze. Häufig kam er bei Stichen von Skorpionen, Wespen und Bienen sowie bei Bisswunden von Wildtieren, ja sogar bei Bissen giftiger Schlangen zum Einsatz. Aber auch heute noch leistet Spitzwegerich mit seinen desinfizierenden und antibakteriellen Eigenschaften gute Dienste.

Bei einem Insektenstich quetschen Sie mehrere Spitzwegerichblätter an der Rückseite, bis Saft austritt und wickeln sie zu einem Naturverband um die Stichstelle. Er verschafft sofortige Linderung und beugt gleichzeitig einer Entzündung vor. Diese praktische Hilfe ist in freier Natur immer griffbereit.

Spitzwegerich enthält den Antibiotika ähnliche Stoffe. Aus diesem Grund schimmelt **Spitzwegerichsirup** nicht. Er wird in erster Linie gegen alle Erkrankungen der Atmungsorgane wie Ver-

Getrocknete Kräuter aus eigener Ernte und selbst gemachte Salben und Öle sind auch ein schönes Geschenk.

schleimung, Husten, Keuchhusten und Lungenasthma eingesetzt. Spitzwegerichsirup ist gebrauchsfertig in der Apotheke erhältlich.

Für einen **Spitzwegerichtee** überbrühen Sie 1 gehäuften Teelöffel zerkleinerte getrocknete Blätter mit 250 ml Wasser, lassen nur kurz ziehen und filtern dann ab. Die Tagesmenge sollte 2 Tassen nicht überschreiten. Dank seiner Bitterstoffe eignet sich Spitzwegerichtee auch bei Magen- und Darmerkrankungen. Durch seine blutreinigenden Eigenschaften empfiehlt er sich weiterhin für eine Frühjahrskur, besonders für Menschen mit Neigung zu unreiner Haut.

Frische junge Spitzwegerichblätter passen gut in einen Wildkräutersalat. Doch sollte man sie sparsam verwenden, da die Blätter zwar nicht riechen, aber bitter schmecken.

Kräutertees

Eine der ältesten Formen der Pflanzenheilkunde, mit der man leichtere Alltagsbeschwerden behandelt, ist die Teezubereitung aus Heilpflanzen. In der Fachsprache heißen solche Pflanzen auch Drogen. Dieser Begriff hat nichts mit Rauschgift zu tun, sondern ist die Bezeichnung für heilkräftige tierische oder pflanzliche Rohstoffe.

Bei Teezubereitungen aus Heilpflanzen darf man nie vergessen, dass es sich um hoch wirksame Arzneimittel handelt. Für den Dauergebrauch sind sie nicht geeignet. Doch zeigen Pflanzen ihre Wirkung nicht sofort. Daher verschwinden die Beschwerden auch nicht gleich nach einer Tasse Tee.

Für einen Haustee, also ein Getränk für jeden Tag, verwendet man Drogen, die keine ausgeprägte arzneiliche Wirkung haben. Pfefferminze eignet sich beispielsweise nicht für den Dauergebrauch. Sie ist eine Heilpflanze und auch als solche anzuwenden. Pfefferminztee wird nur so lange verabreicht, wie es erforderlich ist.

Teemischungen, die Pfefferminzblätter in kleinen Mengen aus geschmacklichen Gründen enthalten, können auch einmal über einen längeren Zeitraum getrunken werden. Tee, den Sie selbst aus Heilpflanzen herstellen, in der Apotheke oder im Reformhaus kaufen, ist nicht mit einem Tee aus dem Supermarkt vergleichbar. Der Wirkstoffgehalt des Supermarktprodukts ist meist um ein Vielfaches geringer, wenn überhaupt vorhanden.

Heilkräutertee können Sie aus getrockneten Drogen oder aus frischen Pflanzenteilen zubereiten. Bei frischen Heilpflanzen ist die Wirkstoffkonzentration nicht so hoch wie bei getrockneten. Verwenden Sie daher ruhig die doppelte Menge, wenn nicht anders im Rezept angegeben. Getrocknete Pflanzen haben den Vorteil, dass sie bei Bedarf sofort zur Hand sind. Zudem sind sie lagerfähig und stehen auch in den Monaten zur Verfügung, wenn keine frischen Kräuter wachsen. Wie Sie die Pflanzen richtig lagern, lesen Sie im Abschnitt **Fachmännisch aufbewahren** (siehe Seite 29).

Die Heilwirkung der Kräuter hängt von vielen Faktoren ab. Dazu gehören Standort, Lichtverhältnisse und Klima, aber auch die verwendeten Pflanzenteile. Bei einem heilenden Kräutertee ist es nicht gleichgültig, ob er aus Blüten, Blättern oder Wurzeln hergestellt wird. Der Wirkstoffgehalt ist nicht in jedem Pflanzenteil gleich, manchmal steckt er gar nur in bestimmten Pflanzenteilen.

Bei der Zubereitung des Tees kommt es darauf an, ob er mit heißem Wasser aufgekocht, nur übergossen oder durch Extraktion mit kaltem Wasser hergestellt wird. Kocht man eine Pflanzenart, deren Hauptwirkstoffe ätherische Öle sind, zum Beispiel Kamillenblüten oder Salbeiblätter, so verflüchtigt sich der größte Teil des ätherischen Öles und der Tee zeigt kaum Wirkung. Solche Heilkräuter übergießt man deshalb nur mit siedendem Wasser und deckt die Tasse ab. So können die ätherischen Öle ihre volle Wirkung entfalten. Die häufigste Form der Teezubereitung ist der Aufguss. Dafür übergießen Sie die klein geschnitten Pflanzenteile mit nicht mehr kochendem Wasser. Jetzt decken Sie das Gefäß ab, lassen die Arzneipflanzen etwa 5 bis 10 Minuten ziehen und filtern dann durch ein Teesieb ab. Rechnen Sie pro Tasse Tee 150 ml Wasser. Früchte, die ätherische Öle enthalten, wie Anis, Fenchel oder Kümmel, werden im Mörser gequetscht oder mit einem Messer leicht aufgedrückt, bevor man sie mit heißem Wasser übergießt.

Eine wichtige Rolle spielt noch, wann und wie Sie den Tee trinken. Ein appetitanregender Tee entfaltet seine Wirkung natürlich nur vor dem Essen, während ein Verdauungstee erst nach dem Essen getrunken wird. Die beste Zeit für einen harntreibenden Tee ist zwischen den Mahlzeiten und für einen Schlaftee etwa 30 Minuten vor dem Schlafengehen, am besten auf der Bettkante. Kräutertees werden langsam Schluck für Schluck getrunken, damit sich ihre wohltuende Wirkung voll entfalten kann.

Heilkräuter gegen Husten

Bei leichtem Husten ohne stärkere Brustbeschwerden, wie er als Begleiterscheinung von Erkältungskrankheiten auftritt, helfen Thymian, Spitzwegerich, Eibisch, Königskerze, Schlüsselblume und Huflattich. Den Dauergebrauch von Huflattich sollten Sie wegen möglicher Leberschädigungen allerdings vermeiden.

Bewährt hat sich folgender **Hustentee:** Mischen Sie Huflattich, Spitzwegerich und Thymian zu gleichen Teilen. Überbrühen Sie pro Tasse 1 Teelöffel der Kräutermischung mit heißem Wasser und decken die Tasse ab. Lassen Sie den Tee 10 Minuten ziehen und filtern dann ab. Süßen Sie den Hustentee nach Geschmack noch mit etwas Honig.

Dauert der Husten länger oder sitzt er auf der Brust fest, sollten Sie einen Arzt zurate ziehen.

Heilkräuter gegen Halsschmerzen

Halsschmerzen und Schluckbeschwerden sind die typischen Begleiterscheinungen von Erkältungskrankheiten, die durch Virusinfektionen hervorgerufen werden. Ein **Tee aus Salbei** lindert die Beschwerden recht zuverlässig. Sie können ihn auch zum Gurgeln verwenden. Übergießen Sie dafür 1 Teelöffel getrocknetes Kraut oder einige frische Salbeiblätter mit etwa 80 °C warmem Wasser, lassen abgedeckt 2 bis 5 Minuten ziehen und filtern dann ab. Tee aus frischem Salbei können Sie bis zu 10 Minuten ziehen lassen. Trinken Sie pro Tag 2 Tassen in kleinen Schlucken. Bei Bedarf können Sie den Tee mit etwas Honig süßen. Wer den reinen Salbeigeschmack nicht mag, mischt mit Kamille zu gleichen Teilen. Sie hemmt zusätzlich noch Entzündungen. Haben sich die Schmerzen nach 3 bis 4 Tagen nicht gebessert,

Kräutertee sollte möglichst heiß und langsam Schluck für Schluck getrunken werden.

sollten Sie jedoch einen Arzt aufsuchen.

Als **Gurgellösung** bereiten Sie die doppelte Menge des Teerezeptes zu und spülen oder gurgeln mehrmals täglich mit dem warmen Aufguss.

Plagt Sie schon eine fieberhafte Erkältung, hilft ein **Tee aus Lindenblüten**. Er mildert den Hustenreiz bei Katarrhen der Atemwege und bringt gleichzeitig den Körper zum Schwitzen. Übergießen Sie 1 bis 2 Teelöffel Lindenblüten mit siedendem Wasser und filtern Sie nach 5 Minuten ab. Trinken Sie davon mehrmals täglich 1 bis 2 Tassen.

Heilkräuter gegen Magen-Darm-Beschwerden

Bei Magenkrämpfen beruhigt ein Kamillentee, ein Tee aus Pfefferminze löst Verkrampfungen und wärmt. Bei Magendrücken und Völlegefühl greifen Sie besser zu einem Tee aus Wermut, der allerdings sehr bitter schmeckt. Auch Anis, Bohnenkraut, Fenchel, Kümmel, Melisse, Salbei und Schafgarbe lindern Magen- und Darmbeschwerden. Vergessen Sie nicht die Samen von Fenchel, Kümmel und Anis vor dem Aufbrühen zu zerstoßen, damit sich mehr Inhaltsstoffe im heißen Wasser lösen können.

Um bei **Kamillentee** eine ausreichend heilkräftige Wirkung zu erzielen, benötigen Sie pro Tasse mindestens 2 bis 3 Teelöffel. Die Kamillenblüten übergießt man mit heißem Wasser, lässt abgedeckt 5 bis 10 Minuten ziehen und filtert dann ab. Bei **Pfefferminze und Melisse** reichen pro Tasse 1 bis 2 Teelöffel. Übergießen Sie diese Kräuter ebenfalls nur mit heißem Wasser und lassen Sie den Tee abgedeckt 10 bis 15 Minuten ziehen. Für einen **Tee aus Schafgarbe** überbrühen Sie pro Tasse 2 Teelöffel mit heißem Wasser, lassen den Aufguss 10 Minuten ziehen und filtern durch ein Teesieb ab.

Bei Verdauungsproblemen können Sie einen **Tee aus Monarda** zubereiten.

Heilkräuter gegen Durchfallerkrankungen

Bei Durchfall verliert der Körper viel Flüssigkeit. Nehmen Sie deshalb reichlich leicht gesalzenen Tee zu sich. Bei diesem Krankheitsbild greift man zu Heilpflanzen mit Gerbsäure, die stopfend und zusammenziehend wirken. Zu diesem Pflanzenkreis gehören Andorn, Bohnenkraut, Fenchel, Frauenmantel und Schafgarbe.

Für **Fencheltee** übergießen Sie 1 Teelöffel frisch gepresste Samen mit heißem Wasser, lassen abgedeckt 5 Minuten ziehen und filtern dann ab. Trinken Sie davon mehrmals täglich 1 bis 2 Tassen. So bereiten Sie auch **Anistee** zu, der allerdings 10 bis 15 Minuten ziehen muss. Ebenso hilft eine **Teemischung** aus Anis, Fenchel und Kümmel. **Frauenmantel** ist zur Unterstützung von unspezifischen Durchfallerkrankungen und Magen-Darm-Störungen geeignet. Pro Tasse überbrühen Sie 2 bis 3 Teelöffel Kraut mit heißem Wasser, lassen 10 Minuten ziehen und gießen dann durch ein Teesieb ab. Trinken Sie davon täglich bis zu 3 Tassen zwischen den Mahlzeiten.

Sanft schlafen mit Kräutern

Wer nicht schlafen kann, fühlt sich müde und schlapp, ist in seiner Leistungsfähigkeit eingeschränkt und anfälliger für Krankheiten. Neben einem Kräuterkissen (siehe Seite 58) können Sie folgenden **Tee** ausprobieren: Übergießen Sie 1 bis 2 Teelöffel einer Mischung aus Baldrian, Hopfen, Kamille und Melisse (jeweils zu gleichen Teilen) mit heißem Wasser, lassen sie abgedeckt 5 Minuten ziehen und filtern dann ab. Wenn Sie Ihren Teeaufguss nur aus Melisse oder Kamille zubereiten, können Sie auch 3 Teelöffel der Mischung (jeweils zu gleichen Teilen) nehmen und den Tee bis zu 10 Minuten ziehen lassen. Süßen Sie den Tee nach Wunsch mit Honig und trinken Sie ihn möglichst heiß auf der Bettkante.

Nerventee

Nervosität ist ein Alarmsignal, nehmen Sie es ernst. Pflanzliche Beruhigungsmittel bieten wertvolle Unterstützung und dämmen Ruhelosigkeit oder Reizzustände etwas ein. Tees mit beruhigender Wirkung enthalten Baldrian, Hopfen, Johanniskraut, Kamille, Lavendel oder Melisse. Nerventees werden über einen längeren Zeitraum zwei- bis dreimal täglich, möglichst warm, getrunken. Auch Johanniskraut kann als Antidepressivum angewendet werden (siehe Seite 37). Weiterhin hilft Rosmarin. Er stabilisiert den Kreislauf und erfrischt. Trinken Sie Rosmarintee aber nicht abends, da er Sie dann am Einschlafen hindert. Ein erholsamer, tiefer Schlaf ist ja gerade bei Nervosität sehr wichtig, da man daraus wieder Kraft für den nächsten Tag schöpft.

Entschlackungstee

Im Frühjahr sind Entschlackungskuren besonders beliebt, um die angesammelten Schlacken- und Giftstoffe aus dem Körper zu schwemmen. Dabei helfen Tees aus unterschiedlichen Heilpflanzen mit entwässernder Wirkung. Sie sollten aber eine solche Kur nur dann durchführen, wenn Sie sich körperlich gesund fühlen und Ihr Arzt keine Bedenken hat.

Vielleicht erinnern Sie sich noch an den wenig wohlschmeckenden, aber sehr gesunden Brennnesseltee Ihrer Großmutter. Bei der Entschlackung und Blutreinigung unterstützen Teemischungen aus Birken- und Brennnesselblättern, Gänseblümchen, Liebstöckel, Löwenzahnwurzel und Zinnkraut. Zur Geschmacksverbesserung können Sie noch Minze, Orangen- und Rosenblüten oder auch Ringelblumen zugeben. Für einen **Entschlackungstee** übergießen Sie 1 bis 2 Teelöffel Ihrer Mischung mit 250 ml kochendem Wasser, lassen 10 Minuten ziehen und filtern dann ab. Trinken Sie täglich 1 bis 3 Tassen und dehnen Sie die Kur nicht länger als 3 bis 4 Wochen aus.

Haustee

Mischen Sie je 20 g Fenchelsamen, Hagebutten und Brombeerblätter und je 10 g Kamillenblüten und Himbeerblätter. Übergießen Sie 2 Teelöffel dieser Mischung mit 250 ml Wasser, lassen 5 bis 10 Minuten abgedeckt ziehen und filtern dann durch ein Teesieb ab.

Standard-Teemischungen können Sie ganz nach Belieben hinsichtlich Zusammensetzung und Menge mit unbehandelten Apfelschalen, Erdbeer- oder Melissenblättern, Kamillen-, Linden-, Monarden- und Rosenblüten oder Ringelblumen verändern. Experimentieren Sie einfach. So lernen Sie den Geschmack der einzelnen Kräuter besser kennen.

Feines aus Omas Küche

Kräuter sind weit mehr als eine bloße Dekoration für das Fensterbrett. Sie stärken unsere Gesundheit und steigern unser körperliches Wohlbefinden. Und nicht zuletzt kann man aus Küchenkräutern ganz individuelle, erlesene Köstlichkeiten zubereiten. Viele Kräuterspezialitäten, die noch unseren Großmüttern geläufig waren, sind leider in Vergessenheit geraten oder wurden durch moderne Fertigprodukte verdrängt. In diesem Kapitel finden Sie Anregungen und Vorschläge, um selbst wieder kreativ zu werden.

Kräuter sind in allen Küchen der Welt unentbehrlich. Eine indische Weisheit besagt: »In den Kräutern liegt die ganze Kraft der Welt. Derjenige, der ihre geheimen Fähigkeiten kennt, ist allmächtig.« Kräuter bereichern unsere Küche in vielfältiger Weise. Sie verleihen den Speisen Würze und Aroma, liefern wichtige Vitamine, sparen Salz und machen viele Gerichte bekömmlicher.

Für alle frisch verwendeten Küchenkräuter gilt gleichermaßen: Geben Sie die frisch gehackten Kräuter erst ganz am Ende des Kochvorgangs zum Gericht. Geschieht dies früher, verkochen ihre Vitamine, Mineralstoffe und ätherischen Öle. Zudem werden die Kräuter unansehlich. Einige Kräuter wie beispielsweise Rosmarin, Thymian und Salbei sollten Sie jedoch schon früher zugeben, denn erst mit dem Kochen entfalten sie ihre ganze Wirkung (etwa verdauungsfördernd).

Kräuteressig und Kräuteröl

Eine gute Methode Kräuter zu konservieren ist das Einlegen in Essig oder Öl. Die Inhaltsstoffe der Kräuter gehen dabei in die Flüssigkeit über. Sie erhalten so nicht nur ein sehr aromatisches Öl oder einen feinen Essig, sondern auch noch ein gesundes Lebensmittel für Ihre Küche.

Als Basis für Kräuteressig verwenden Sie hochwertigen Apfel-, Weißwein- oder Rotweinessig. Pro Flasche Essig benötigen Sie etwa 2 Esslöffel Kräuter. Noch ein Tipp: Verwenden sie lieber getrocknete Kräuter, mit frischen kann der Essig unter Umständen verderben. Geben Sie die Kräuter in die Essigflasche. Dabei müssen alle Pflanzenteile vollständig mit Flüssigkeit bedeckt sein. Die Flasche stellen Sie anschließend 6 Wochen an einen schattigen Platz. Schütteln Sie sie während dieser Zeit öfters. So verteilen sich die Kräuter und der Essig kann gut durchziehen. Nach dieser Zeit ist der Kräuteressig gebrauchsfertig. Wer möchte, filtert die Kräuter noch ab.

Kräuteressige verfeinern Salate, Soßen und Marinaden. Ihrer Fantasie und Ihren geschmacklichen Kreationen sind keine Grenzen gesetzt. Wer es fruchtig mag, verwendet Melisse und

Kräuteressig und Kräuteröl schmecken nicht nur gut, sondern sehen einfach hübsch aus.

Minze, wer dagegen einen würzigen Essig bevorzugt, aromatisiert mit Oregano, Rosmarin, Salbei und Thymian. Verwenden Sie, was Ihnen zusagt: Knoblauch, auf Schaschlikspieße gereiht, Lorbeerblätter, Wacholderbeeren, unbehandelte Zitronenschalen, Gewürze oder Chilischoten für mehr Schärfe. Wenn Sie Samen, beispielsweise von Anis oder Fenchel, nehmen, dann stoßen Sie diese kurz im Mörser an, bis sie leicht aufplatzen. Lavendel färbt Weißweinessig lila. Verwenden Sie jedoch pro Flasche höchstens eine Messerspitze, sein Geschmack übertönt sonst die anderen Zutaten.

Für Kräuteröl sollten Sie nur bestes kaltgepresstes Olivenöl oder vergleichbares anderes Pflanzenöl verwenden. Geben Sie die frischen Kräuter, beispielsweise ein Bund Basilikum, in eine weite Flasche und übergießen Sie diese mit dem Öl. Lassen Sie den Ansatz dann abgedeckt 14 Tage an einem warmen, sonnigen Platz durchziehen. Währenddessen schütteln Sie ihn täglich und filtern anschließend ab. Auch hier können sie alle Zutaten verwenden, die Ihnen gefallen und schmecken.

Liköre

Nichts ist so edel wie hausgemachter Likör aus eigenen Gartenkräutern oder selbst gesammelten Wildfrüchten. Die Herstellung ist denkbar einfach.

Schlehenlikör

4 Tassen Schlehenbeeren
1 1/2 Tassen Rosinen
Mark von 1 Vanilleschote
3 Tassen Zucker, Honig oder Ahornsirup
4 Gewürznelken
1 l Kirschwasser oder Korn

Getränke, mit Kräutern verfeinert.

Die Früchte in einem Mörser zerstoßen, bis sie aufspringen. Der blausäurehaltige Kern darf dabei nicht beschädigt werden. Die Rosinen ebenfalls im Mörser zerstampfen. Früchte, Rosinen und Vanillemark mit den übrigen Zutaten in ein großes Schraubglas geben und mit dem Alkohol übergießen. Das Glas gut verschließen und 8 Wochen aromatisieren lassen, dabei gelegentlich schütteln. Danach abfiltern und in vorbereitete Flaschen füllen. Den Likör vor dem Servieren noch 2 Monate im Keller durchziehen lassen.
Tipp: Schlehen sammelt man nach dem ersten Frost. Wer nicht so lange warten möchte, legt die gepflückten Früchte über Nacht in den Gefrierschrank. Der Likör bekommt einen feineren Geschmack, wenn Sie die Früchte vor der Verarbeitung im Backofen etwas antrocknen lassen.

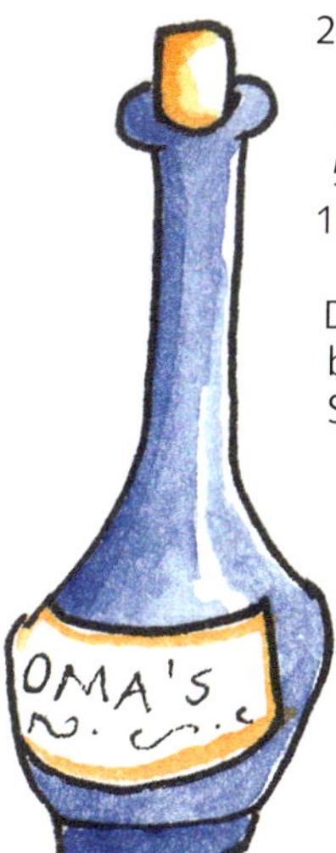

Zitronenmelissenlikör
200 g frische Zitronenmelissenblätter
1 kg Zucker
500 ml Wasser
1 l Alkohol (70 %)

Die Zitronenmelissenblätter in eine große Schüssel geben. Zucker und Wasser aufkochen, abkühlen lassen und über die Blätter gießen. Die Schüssel abdecken und 2 Tage aromatisieren lassen. Dann den Alkohol zugießen, den Ansatz mit Blättern in Flaschen füllen (gut geeignet sind Milchflaschen mit ihrem weiten Flaschenhals) und etwa 6 Monate durchziehen lassen. Zuletzt abfiltern.
Tipp: Wenn Sie den Ansatz im Juni mit frisch geernteten Zitronenmelissenblättern zubereiten, haben Sie schon ein Weihnachtsgeschenk für einen Liebhaber ausgefallener Liköre. Dieser Likör schmeckt einfach himmlisch.

Erlesenes aus Rosen

Jeder liebt Rosen. Aus ihren herrlich duftenden Blütenblättern lässt sich vielerlei herstellen.

Rosenbowle
6–8 duftende Rosenblüten
2 EL Zucker
1 Gläschen Cognac

2 Flaschen trockener Weißwein
1 Flasche trockener Sekt

Die Rosen entblättern, mit Zucker bestreuen und mit dem Cognac sowie einer halben Flasche Weißwein übergießen. Anschließend 1 bis 2 Stunden kühl stellen, dann abfiltern. Vor dem Servieren den restlichen Weißwein und den Sekt zugeben. Mit frischen Rosenblättern dekorieren.

Rosenessig
1 Hand voll frische Rosenblütenblätter
500 ml Weißweinessig
3–5 Duftpelargonienblätter nach Wunsch

Die Rosenblätter zum Essig in die Flasche füllen und 6 Wochen an einem schattigen Platz durchziehen lassen. Dabei gelegentlich schütteln. Anschließend abfiltern.
Tipp: Rosenessig ist etwas ganz Besonderes. Er passt sehr gut zu grünen Salaten. Die Duftpelargonienblätter verfeinern den Essig noch.

Rosen-Apfel-Gelee
1,5 kg säuerliche Äpfel
50 g Zucker
100 g frische Rosenblütenblätter
Saft von 1/2 Zitrone
500 g Gelierzucker

Die Äpfel schälen, vierteln und das Kerngehäuse entfernen. Die Apfelstücke klein würfeln und mit Zucker und 250 ml Wasser in einen Topf geben. Dann unter Rühren so lange kochen, bis die Früchte musig zerfallen sind. Das Apfelmus durch ein Sieb streichen, dabei den Saft auffangen. 500 ml Saft abmessen.

Die Rosenblütenblätter kurz in kaltem Wasser schwenken, abtropfen und auf einem Küchentuch abtrocknen lassen. Den abgemessenen Apfelsaft mit Zitronensaft und Gelierzucker in einem Topf mischen und unter Rühren zum Kochen bringen. Das Gelee 1 Minute köcheln lassen, dann vom Herd nehmen und die Rosenblätter untermischen. Das heiße Gelee in vorbereitete Schraubgläser füllen und verschließen.

Rosentonikum zur Gesichtspflege
5 g Rosenblütenblätter
100 ml Weißwein (Bioqualität)
50 ml Rosenwasser (Apotheke)

Die Rosenblütenblätter in ein dunkles Gefäß füllen und mit dem Weißwein übergießen. Diesen Ansatz 2 Wochen durchziehen lassen, dann abfiltern. Dabei die Blütenblätter gut auspressen. Die Flüssigkeit nochmals durch einen Kaffeefilter geben. Zuletzt das Rosenwasser untermischen.
Tipp: Dieses Gesichtstonikum ist herrlich geeignet für trockene und empfindliche Haut.

Essbare Blütendekorationen

Viele Blüten sind nicht nur äußerst dekorativ, sondern auch essbar. Oft enthalten auch sie wertvolle Inhaltsstoffe. Besonders appetitlich sehen mit Blüten und Kräutern verzierte Teller aus. Be-

Ein mit essbaren Blüten dekorierter Wildkräutersalat.

reiten Sie doch für die nächste Grillparty einen grünen Salat mit vielen bunten Blüten zu. Mischen Sie beispielsweise die leuchtend gelb-rot-orangen Blütenblätter der Kapuzinerkresse, die zartblauen Blüten des Borretsch und die orangefarbenen Ringelblumenblüten. Für einen Frühlingssalat bieten sich die Blüten von Gänseblümchen oder Veilchen an.

Auch Wein, Sekt, Bowlen oder Aperitifs können Sie mit Blütenblättern schmücken. Allerdings sollten Sie die Blüten erst kurz vor dem Servieren in die Gläser oder Karaffen geben, sonst welken sie und werden unansehnlich. Kandierte Blüten verzieren Torten und Süßspeisen. Sie verleihen selbst einfachen Kuchen eine ganz individuelle Note.

Schönes aus Omas Haushalt

Aus Kräutern lassen sich wunderschöne und äußerst nützliche Gebrauchsgegenstände zaubern.

Kräuterkissen

Nach einem hektischen Tag fällt es vielen reizüberfluteten Menschen schwer, abends abzuschalten und einen erholsamen Schlaf zu finden. Wer nicht gleich zu Schlaftabletten greifen möchte, kann einmal ein Kräuterkissen ausprobieren. Darauf lässt es sich schön träumen. Die eingefüllten Kräuter enthalten ätherische Öle, die beruhigend auf die Nerven wirken. Durch die Wärme unserer Haut lösen und verflüchtigen sie sich. Diese wohltuenden Substanzen atmet man dann in der Nacht ein.

Ein Kräuterkissen ist ganz einfach herzustellen. Dafür brauchen Sie einen fertig gekauften oder selbst genähten Kissenbezug. Dieser muss gut waschbar sein. Wählen Sie als Material also Baumwolle oder Leinen, Synthetikfasern vermeiden Sie besser. Füllen Sie die Kräuter in eine Musselineinlage und streifen Sie den Kissenbezug darüber. Die Kräuter erhalten Sie gebrauchsfertig in der Apotheke oder Sie trocknen sie selbst. Pro Kissen benötigen Sie 250 bis 300 g getrocknete Kräuter, die 1 Jahr haltbar sind. Geeignet sind Anis, Baldrian, Hopfen, Kamille, Melisse, Pfefferminze, Quendel, Salbei und Thymian. Sie können nur einzelne Kräuter verwenden oder mehrere mischen. Wer kein großes Schlafkissen herstellen möchte, füllt einfach ein Beutelchen mit Kräutern und steckt dieses in sein Kopfkissen.

Duftpotpourri und Duftsäckchen

Kleine, frisch duftende Säckchen für Schrank und Schublade oder üppig mit Blüten und Kräutern gefüllte Schalen gefallen nicht nur Romantikern. Aus unzähligen Potpourrimischungen kann sich jeder seinen Lieblingsduft mit zitroniger, herber oder süßlicher Note auswählen. Dabei inspirieren vielleicht die jeweilige Jahreszeit oder der Anlass. Für ein Geschenk nähen Sie Säckchen aus luxuriösen Stoffen, feinem Leinen oder alter Spitze und befüllen sie mit einem Potpourri.

Die getrockneten Kräuter und Blüten (siehe Seite 28) füllen Sie in ein großes Schraubglas. Zum Fixieren des Duftes geben Sie Eichenmoos, Iriswurzel oder Benzoeharz (Apotheke) in der angegebenen Menge dazu. Diese Mischung lassen Sie anschließend 4 Wochen durchziehen. Währenddessen wird sie alle paar Tage geschüttelt. Danach ist das Potpourri gebrauchsfertig.

Als Zutaten für ein Potpourri eignen sich Duftpelargonien, Eber- und Weinraute, Lavendel, Majoran, Minze,

Kräuter zum Genießen: Blütenpotpourries und Kräuteröle für Duftlampen.

Rainfarn, Rosmarin, Thymian, Ysop und Waldmeister. Als Blütenpflanzen stehen Duftwicken, Goldlack, Kamille, Lavendelblüten, Nelken, Orangenblüten, Ringelblumen, Rosen und Veilchen zur Verfügung. In Potpourris passen auch auf Spaziergängen gesammelte Zapfen von Erle oder Lärche sowie getrocknete Orangenscheiben oder ganze Zimtstangen. Lassen Sie Ihrer Fantasie freien Lauf.

Würziges Potpourri
250 g duftende Rosenblüten
125 g Rosmarinnadeln
2 EL Pfefferkörner
1 EL Iriswurzel

Alle Zutaten mischen und wie oben beschrieben verfahren.

Frisches Potpourri
200 g duftende Rosenblüten
50 g Zitronenthymian
50 g Duftpelargonienblätter mit Zitronenduft
Schale von 1 Zitrone

Alle Zutaten mischen und wie oben beschrieben verfahren.

Duftpelargonie

Pelargonium – Storchschnabelgewächs (auch Duftgeranie)

Botanisches: Die aus Südafrika stammenden Pelargonien wurden 1632 nach Europa gebracht, in den Garten von John Tradescant, dem Gärtner der englischen Königin. Von den über 355 bekannten, wild wachsenden Arten ist *Pelargonium graveolens* vermutlich die Stammmutter vieler Duftpflanzen. Sie kommt in vielerlei Formen vor. So stehen neben Varianten mit samtig behaarten Blättern und Minzduft solche mit rauen Blättern und Rosen- oder Zitronenduft. Die durch Stecklinge vermehrten Pflanzen sind strauchartig, werden über 1 m hoch und tragen meist wenige kleine rosafarbene Blüten. *P. graveolens* gilt als wichtigste Art für die Herstellung von Geraniumöl.

Duftpelargonien gibt es in den unterschiedlichsten Sorten und Duftnoten.

Inhaltsstoffe: Ätherische Öle
Anbau: Duftpelargonien sind in unseren Breiten nicht winterfest. Daher empfiehlt es sich, sie in Töpfen zu kultivieren. Im Winter werden sie ins Haus geholt und hell bei etwa 7 °C überwintert. Die Erde sollte locker, humos und lehmig sein. Als Fertigsubstrat eignet sich nicht zu torfige Geranienerde. Werden die Blätter zum Kochen verwendet, düngt man nur mit Kompost oder Guano. Ansonsten erhalten die Pflanzen den Sommer über wöchentlich eine Gabe handelsüblichen Dünger. Bei richtiger Kultur werden die Pflanzen selten von Krankheiten befallen. Vor dem Austrieb im Frühjahr findet, drei bis vier Augen über der verholzten Stelle, ein Rückschnitt statt. Aus den abgeschnittenen Trieben können Sie sofort wieder Stecklinge für neue Pflanzen machen. Sie wachsen leicht an.
Ernte: Von diesen kostbaren Pflanzen sollten nur einzelne Blätter frisch geerntet werden. Für Potpourris verwenden Sie Zweige, die beim Rückschnitt anfallen.
Verwendung: In der Zeit von Königin Viktoria waren die Duftblattgeranien in England außerordentlich verbreitet. Sie wurden in herrschaftlichen Gewächshäusern und Bauernhäusern gleichermaßen gehegt und gepflegt. Heute verraten uns die Namen ihre vielfältigen Duftnoten: Pfefferminzgeranie, Rosengeranie oder Zitronengeranie. Daneben gibt es noch viele andere Varianten wie z. B. Old Spice, Zimt oder Apfel.

Duftpelargonien werden hauptsächlich in der Kosmetik und Aromatherapie verwendet. Mit ihrem wunderbaren Duft bereichern sie unsere Gärten und mit ihrer Würzkraft unsere Speisen. Einige Blättchen aromatisieren Essig (siehe Seite 56) oder klein geschnitten den Salat. Ein mitgekochtes Blatt verfeinert jeden Milchreis. Auch ein Blatt in der Teedose verleiht Tee eine besondere Note.

Duftkerzen

Kerzen sind ein fester Bestandteil von festlichen Anlässen. So sorgen sie an Weihnachten oder bei Familienfesten für eine stimmungsvolle Atmosphäre. Doch erfreuen sie uns auch im Alltag. Kerzen sind sehr vielseitig, sie passen ins Esszimmer ebenso wie auf eine stilvoll gedeckte Kaffeetafel. Auch das Spiel von Feuer und Wasser übt einen ganz besonderen Reiz auf uns aus. Kerzen können in Trink- und Wassergläsern schwimmen, oder in flachen Schalen aus Glas, Email oder Metall. Da Kerzen eine schöne Stimmung zaubern, liegt es nahe, sie mit einem betörenden Duft zu kombinieren oder mit entspannenden Duftölen zu mischen. Für den Garten bieten sich Insekten abwehrende Düfte an.

Duftkerzen können Sie ganz einfach selbst herstellen. Mischen Sie dem flüssigen Wachs (meist Paraffin) einige Tropfen Duftöl bei, bevor Sie es in die Kerzenform gießen. Meist genügen bereits wenige Tropfen. Verwenden Sie nur hochwertige Öle. Das Wachs schmelzen Sie in einem alten Topf. Lassen Sie es nicht zu heiß werden, da Wachs sich leicht entzündet. Als Form können Sie Dosen, alte Glühbirnen, gekaufte Gefäße oder auch schöne

Terrakottatöpfe eignen sich gut als Gefäße für Duftkerzen.

Tontöpfe nehmen. Sehr dekorativ ist es, wenn Sie die Tontöpfe zum Schluss mit Moos umwickeln.

Wenn Sie Wachs in einen Behälter füllen wollen, können Sie die benötigte Wachsmenge herausfinden, indem Sie die Form mit Wasser füllen und die Wassermenge abmessen. Für 100 ml Wasser brauchen Sie 90 g festes Wachs.

Vor dem Wachseingießen sind zwei Dinge zu tun: Sie müssen ein eventuell vorhandenes Abzugsloch im Gefäss verstopfen und den Docht befestigen. Die jeweils benötigte Größe hängt vom Durchmesser der Kerze ab. Ein 2,5 mm starker Docht ist richtig für eine Kerze mit einem Durchmesser von 2,5 cm. Für Gefäßkerzen gibt es im Fachhandel spezielle Dochte. Das Befestigen des Dochtes im Gefäß gelingt recht gut, indem Sie einen Holzstab über den Behälter legen, den Docht daran befestigen und in das Gefäß hineinhängen lassen.

Gelwachs lässt sich sehr leicht verarbeiten. Man kann es auch in Gläser gießen und mit dekorativen Gegenständen und Kräutern, wie beispielsweise Orangenscheiben, Zimtstangen, Rosmarin- oder Thymianzweigen schmücken.

Mit Kräutern gegen Motten

Wer Motten oder anderes Getier ohne Chemie fern halten will, findet in einigen Pflanzen wirksame Helfer. Ihr intensiver Geruch, den sie dank ihrer ätherischen Öle verströmen, vertreibt die ungebetenen Gäste.

Besonders gute Dienste leistet Lavendel. Schneiden Sie Sträußchen von Lavendelblüten, trocknen Sie diese im Schatten und legen Sie die herrlich duftenden Bündel dann in Ihre Schränke. Um Ihre Wäsche vor den Blütenkrümeln zu schützen, streifen Sie die Blüten vorsichtig ab und geben sie in kleine Beutelchen. Ist der Duft des Säckchens nach einiger Zeit verflogen, träufeln Sie einfach ein paar Tropfen Lavendelöl darauf.

Auch andere Kräuter vertreiben Motten und Ungeziefer. So besitzt die Eberraute Insekten abwehrende Eigenschaften und kann wie Lavendel eingesetzt werden. Ebenso wirken Balsamkraut, Heiligenkraut, Rainfarn, Rosmarin, Schwertlilienwurzel, Waldmeister und Weinraute. Sie können die Pflanzen auch nach Belieben mischen und sich so Ihre individuelle Duftnote zusammenstellen.

Färben mit Pflanzen

Mit einigen Pflanzenteilen lassen sich Stoffe und T-Shirts gut färben. So ergeben Zwiebel- und Walnussschalen, Teeblätter und Zapfen braune Töne. Ligusterbeeren färben schwarz, Holunder- und Brombeeren violett. Färberginster und andere Ginsterarten tönen beigegelb, Goldrute goldgelb. Für hellgelbe bis zartgrüne Töne verwendet man Birken- und Holunderblätter, für gelb- bis olivgrüne Töne Rainfarn und für gelb- bis moosgrüne Farbtöne Brennnesseln. Die Färbemethoden sind je nach Pflanzenart sehr unterschiedlich (siehe Literatur, Seite 245).

Um Ostereier braun zu färben, geben Sie grüne Walnussschalen in einen alten Topf und lassen diese 30 bis 60 Minuten köcheln. Die ausgeblasenen Eier verzieren Sie mit dekorativen Blättern, zum Beispiel Erdbeerblättern, indem Sie Eiweiß auf die Blattrückseite streichen und dieses dann auf das Ei kleben. Das können auch kleinere Kinder schon. Dann tauchen Sie die Eier mit einem Löffel so lange in den Sud, bis der gewünschte Farbeffekt erreicht ist. Anschließend werden die Eier gut getrocknet, die Blätter entfernt und die Eier mit einem Faden, an dessen unterem Ende eine kleine Perle befestigt ist, aufgehängt. An der Stelle, wo die Blätter klebten, sieht man in weißen Umrissen die Blattform.

Kochen mit Kräutern

Die Rezeptangaben sind jeweils für 4 Personen

Suppen

Kräuterbouillon

Eine einfache, reine Kräuterbouillon ist schnell herzustellen.

- 4 Esslöffel Liebstöckel
- 4 Esslöffel Selleriekraut
- 1/2 Zwiebel
- 1 Karotte
- Salz, Zucker
- 1 Prise Peperonipulver
- etwas Balsamico-Essig
- 1 l Wasser

Die Kräuter und Gemüse sehr fein hacken oder mixen. In Salzwasser mit Peperoni aufkochen und 15–20 Minuten weiterköcheln lassen. Mit etwas Zucker und Balsamico-Essig abschmecken – fertig. Nach Bedarf durch ein Sieb geben. Bei Verwendung von Trockenkräutern reichen jeweils 2–3 Esslöffel.

→ Diese Kräuterbouillon ohne Glutamat ist eine gute Basis für die Herstellung von klaren Suppen mit Einlage (Flädle, Maultaschen, Klößchen).

Grüner Eierstich

- 2 Eier
- 20 g Kräuter: Petersilie, Schnittlauch, Dill, Pimpinelle, Estragon, Liebstöckel
- 1/8 l Milch
- Salz, Selleriesalz
- Worcestersoße
- 1 l Kräuter- oder Gemüsebouillon

Die Kräuter sehr fein wiegen – je feiner der Kräuterbrei, desto grüner der Eierstich. Eier, Milch und Kräuter gut durchschlagen und würzen. In eine kleine feuerfeste, gefettete Form füllen und im heißen Wasserbad 25–30 Minuten ziehen lassen. Das Kräutergrün setzt sich etwas ab, was man beim Schneiden in Würfel oder besser in Stäbchen berücksichtigen sollte, damit auch überall Grün dabei ist. In klaren Suppen servieren und mit Pimpinelle, Schnittlauch oder Petersilie bestreuen.

Wontan-Suppe (Foto rechts)

Klare Suppe

- 2 Esslöffel Sesamöl
- 1 kleine Möhre in dünnen Streifen
- 2 Schalotten
- 3 Knoblauchzehen, gepresst
- 3 Stangen Zitronengras, geschnitten
- 3 Esslöffel Koriandergrün oder Schwarznessel, gehackt
- 1 l Gemüsebrühe
- Curry

Wontan-Taschen

- 20 Wontan-Teigblättchen
- 3 Esslöffel Koriandergrün, gehackt
- 3 Esslöffel Zwiebeln, gehackt
- 2–3 Esslöffel Ingwer, gepresst
- 20 Shrimps oder Garnelen
- Butter
- Salz, weißer Pfeffer

Schalotten und Knoblauch in Öl weichdünsten, mit Brühe aufgießen und zum Köcheln bringen. Nach 10 Minuten Zitronengras, Möhrenstifte und Koriandergrün hinzugeben. Mit

Curry würzen und weitere 10 Minuten köcheln. Dann die Einlagen abschöpfen oder durchsieben. Inzwischen die Wontan-Blätter auf einem Brett mit Mehl ausbreiten. Aus gehacktem Koriandergrün, Ingwer, Zwiebeln und Butter eine Masse herstellen. Mit einem Häufchen dieser Masse und je einer Garnele eine Wontan-Tasche füllen. Dann die Ränder mit Wasser bestreichen und fest zu einer Tasche zusammendrücken. Die fertigen Taschen in die Brühe geben und einige Minuten ziehen lassen.

- Der Wontan-Teig muss aufgetaut sofort verwendet werden, sonst wird er hart.

Frühlings-Wildkräuter-Suppe
Sommer-Wildkräuter-Suppe

- 80–100 g junge, gehackte Wildkräuter:
  Frühling: Spitzwegerich, Hirtentäschel, Sauerampfer, Brennnessel, Liebstöckel
  Sommer: Brennnessel, Giersch, Gundelrebe, Sauerampfer, Selleriekraut, Schafgarbe
- 20 g Butter oder Öl
- 1/2 Zwiebel, gehackt
- 1 Karotte, gewürfelt
- 1 l Gemüse- oder Kräuterbouillon
- 1 Teelöffel Zitronensaft
- 100 g Sahne oder Crème fraîche
- 1–2 Eigelb
- Salz, Pfeffer
- 2 Prisen Zucker

Zwiebel und Karotte in der Butter anschwitzen. Alle Kräuter kurz mitdünsten und mit der Brühe aufgießen. Aufkochen, 10–15 Minuten köcheln lassen und pürieren. Zitrone zufügen und vom Feuer nehmen. Die Eigelbe mit der Sahne verquirlt in die Suppe einrühren und mit Salz und Pfeffer abschmecken. Sofort servieren.

→ Anstatt mit Zitrone kann auch mit Weißwein abgeschmeckt werden. Geschlagene Sahne bringt mehr Volumen.

Kartoffel-Kräuter-Suppe

- 1 kleine Gemüsezwiebel
- 1 l Wasser oder dünne Kräuterbouillon
- 400 g Kartoffeln
- 2 Esslöffel Liebstöckel, gehackt
- 2 Esslöffel Majoran, gehackt
- 3 Esslöffel Bohnenkraut, gehackt
- 5 Esslöffel frische Kräuter, gehackt:
  Gartenkräuter: Zitronenmelisse, Pimpinelle, Petersilie, Kerbel, Portulak, Borretsch
  Wildkräuter: Spitzwegerich, Gundelrebe, Brennnesselspitzen, Knoblauchsrauke, Sauerampfer, Gänseblümchenblätter
- 3 Esslöffel Öl oder Butter
- Zucker, Kräutersalz

Zwiebel und gewürfelte Kartoffeln in Öl andünsten, mit Wasser ablöschen, mit Zucker und Kräutersalz würzen und 15 Minuten köcheln. Alle Kräuter beigeben und 10 Minuten weiterköcheln. Abschmecken, wenn nötig etwas nachwürzen.

→ Diese Suppe schmeckt auch mit Trockenkräutern. Wenn Liebstöckel, Majoran und Bohnenkraut getrocknet sind, erhält die Suppe einen kräftigeren Geschmack. Püriert schmeckt sie noch etwas feiner.

Feine Kerbelsuppe

(Foto rechts)

- 40 g Kerbel, fein gehackt
- 40 g Petersilie, fein gehackt
- 1 l Gemüse- oder Kräuterbouillon
- 2 Esslöffel Weißwein
- 2 Eigelb
- 2 Esslöffel Crème fraîche
- Salz, weißer Pfeffer
- einige Tropfen Zitronensaft
- in Butter geröstete Weißbrotwürfel

Gemüsebrühe aufkochen, Weißwein und gehackte Kräuter zugeben. Unter Rühren die Suppe aufkochen und 5 Minuten weiterköcheln lassen. Das Eigelb mit der Crème fraîche vermischen und in die Suppe einrühren. Unter ständigem Rühren ganz kurz weiter erhitzen und mit Salz und Pfeffer abschmecken. Die gerösteten Brotbröckchen und einige Kerbelblätter auf die Suppenteller verteilen und servieren.

Gemüsesuppe mit Kresse

- 1 mittelgroße Aubergine
- 1/2 Zwiebel, in Ringe geschnitten
- 1 Zucchini, gewürfelt
- 1 mittelgroße Möhre, gewürfelt
- 1 Esslöffel Olivenöl
- 2 Knoblauchzehen, zerdrückt
- 250 g Joghurt mild
- 1 l Hühnerbouillon
- 80 g Gartenkresse, fein gehackt
- Einige Basilikumblättchen
- Salz, Selleriesalz

Die Auberginen in Scheiben schneiden, mit Olivenöl einpinseln, in einer Pfanne von beiden Seiten goldgelb anbraten, eventuell von der Haut befreien und klein schneiden. Auberginen, Zwiebeln, Möhren, Zucchini und Knoblauch in der Bouillon zum Kochen bringen und bei mittlerer Hitze 15 Minuten köcheln, dann pürieren. Joghurt und Butter in die Suppe geben, langsam erhitzen und erneut pürieren. Mit Selleriesalz und Salz abschmecken. Ganz zum Schluss die gehackte Kresse untermischen, mit Basilikum bestreuen und sofort servieren.

Gartenkresse-Suppe

(Foto oben)

- 1 Lauchstange (150 g) in Ringen
- 2 Schalotten, gewürfelt
- 1 l Hühner-, Kräuter- oder Gemüsebouillon
- 250 g Sahne
- 2 Esslöffel Sojaöl
- 1/2 Lorbeerblatt
- 1/2 Teelöffel gemahlene Bockshornkleesamen
- 100 g Kresse
- 1/2 gepresste Zitrone
- Salz, Pfeffer

Lauch, Schalotten, Lorbeerblatt und Bockshornklee in Öl andünsten, Hühnerbouillon und 200 g Sahne angießen und 30 Minuten köcheln. Die Suppe durch ein Sieb gießen, die Kresse sehr fein hacken oder wiegen und in die durchgesiebte Suppe geben, 2-3 Minuten aufkochen und mit Salz und Pfeffer abschmecken. 50 g Sahne steif schlagen, mit dem Zitronensaft vermengen und zur Suppe servieren.

→ Die Kresse darf nur kurz gekocht werden, sonst verliert sie ihr Aroma.

Fenchelkrautsuppe mit Lauch

(Foto rechts)

- 1 Teelöffel Fenchelsamen
- 1 Teelöffel Senfsamen
- 1 Teelöffel Bockshornkleesamen
- 1 Lauchstange (150 g) in dünnen Ringen
- 2 Kartoffeln (200 g), klein gewürfelt
- 2 Esslöffel Fenchelkraut, gehackt
- 1 Teelöffel Liebstöckel, fein gehackt
- 1 Teelöffel Kerbel, fein gehackt
- 1/2 Apfel, gewürfelt
- 1 Esslöffel Pflanzenöl (Erdnuss)
- 1 l dünne Gemüsebrühe
- Salz

Bockshornklee-, Fenchel- und Senfsamen in Öl kurz andünsten, Lauch und Kartoffeln zugeben und unter Rühren weiterdünsten. Zuletzt Liebstöckel, Kerbel, 1 Esslöffel des Fenchelkrauts und Apfel hineingeben und mit der Gemüsebrühe ablöschen.
10–15 Minuten köcheln lassen, mit Salz abschmecken und restliches Fenchelkraut untermischen.

Tomaten-Kräuter-Consommé

(Foto oben)

- 800 g sehr reife Tomaten
- 1 große Zwiebel
- 3 Esslöffel Olivenöl
- 2 Esslöffel frischer Quendel/Thymian, gehackt
- 2 Esslöffel Dost/Oregano, gehackt
- 1 Stängel frische Minze
- 4–6 Knoblauchzehen, zerdrückt
- 1 kleine Peperoni
- Selleriesalz, Pfeffer
- 1–2 Tassen Wasser

Die gehackte Zwiebel in Öl andünsten, klein geschnittene Tomaten dazugeben und mit allen Gewürzen 10 Minuten kochen lassen. Die frischen Kräuter, alle Gewürze und Wasser dazugeben und weitere 10 Minuten köcheln. Abschmecken und die klare Tomatensuppe abschöpfen oder alles durch ein Sieb geben und die klare Suppe auffangen. Mit Tomatenstücken und Kräuterblättchen servieren.

→ Das verbliebene Tomaten-Kräuter-Mus ist gut als Crostini- oder Pizzabelag geeignet.

Dill-Tomaten-Creme

- 1 kleine Zwiebel
- etwas Butter
- 400 g Tomaten, überbrüht und enthäutet oder aus der Dose
- 1/4 l Kräuter- oder Hühnerbouillon
- 6 Stängel frischer Dill
- 150 g Sahne
- Salz, Pfeffer
- Zitrone

Zwiebel fein gehackt in Butter glasig dünsten. Die Tomaten und die fein gehackten Dillblätter hineingeben und mit der Bouillon ablöschen. Kurz aufkochen und pürieren. Mit Salz, Pfeffer und Zitronensaft abschmecken. Vor dem Servieren die Sahne unterziehen. Die Suppe schmeckt auch kalt vorzüglich, da sie kaum Fett enthält.

→ Variation: Anstelle von Dill kann man auch frisches Basilikum oder 1 Esslöffel getrocknetes Basilikum verwenden.

Sauerampfersuppe

- 80–100 g Sauerampfer
- 1/2 Gemüsezwiebel
- 2 Esslöffel Pflanzenöl
- 1 l klare Gemüse- oder Hühnerbrühe
- 1/2 Teelöffel Zitrone
- 100 g Crème fraîche
- 1 Eigelb
- Salz

Die fein gehackte Gemüsezwiebel in dem erhitzten Öl glasig dünsten, den geputzten, gehackten Sauerampfer zugeben und mit der Brühe aufgießen. 10–15 Minuten köcheln, mit Zitrone und Salz abschmecken, pürieren und die Crème fraîche einrühren. Am Schluss etwas Suppe mit dem Eigelb außerhalb des Topfes mischen und nach und nach einrühren. Mit einigen frischen Sauerampferstreifen garnieren.

→ Hühnerbrühe dämpft den säuerlichen Geschmack etwas mehr als Gemüsebrühe.

Bärlauchsuppe

(Foto unten)

- 30–40 junge Bärlauchblätter
- 2 Esslöffel Distelöl oder Butter
- 1 l dünne Gemüsebrühe
- 2 Esslöffel Grünkern- oder Weizenmehl
- 2 Esslöffel Crème fraîche
- Salz, Pfeffer

Die frischen Bärlauchblätter ohne Stiele fein schneiden. Das Öl oder die Butter im engen Suppentopf erhitzen und mit Mehl glatt rühren. Mit der Gemüsebrühe aufgießen und mit der Hälfte der Bärlauchblätter 7 Minuten köcheln. Restliche Bärlauchblätter zugeben und kurz weiterköcheln lassen. Mit dem Pürierstab pürieren, Crème fraîche unterziehen und sofort servieren.

→ Schmeckt am besten mit frisch gepflückten Bärlauchblättern oder mit 6–7 Esslöffeln Trockenbärlauch in angeschwitzter Zwiebel.

pürieren. Mit Salz, Peperoni und wenig Zitronensaft abschmecken. Kurz vor dem Servieren die Karotte würfeln und mit den Erbsen wieder hinzugeben.
→ Auch möglich mit Erbsen aus der Dose, wenn's schnell gehen soll.
In einem engen Topf lässt es sich leichter pürieren.

Minze-Erbsen-Suppe
(Foto oben)

- 2 Frühlingszwiebeln, klein geschnitten
- 1 Esslöffel Pflanzenöl
- 450 g Erbsen, tiefgekühlt
- 1 Karotte oder Pastinakwurzel
- 400 g Gemüsebrühe
- 150 g Weißwein
- 4 Esslöffel frische Minzeblätter
- 1 Esslöffel Petersilie, gehackt
- 250 g Sahne
- 1 Prise Kräutersalz
- 1 Prise Peperoni
- etwas ausgepresste Zitrone

Die Frühlingszwiebeln mit der Petersilie in Öl kurz andünsten und mit Wasser und Wein aufgießen. Die Erbsen und die Karotte hineingeben und 10 Minuten mitkochen. Karotte und einige Erbsen zur Dekoration herausnehmen. Minze und Sahne in die Suppe geben und mit dem Pürierstab

Fischsuppe (Foto rechts)

Sud

- Karkassen von Fischen und Schalentieren (Köpfe, Schwänze, Gräten und Schalen)
- 1 Lauchzwiebel
- 200 g Suppengemüse aus Karotte, Petersilienwurzel, Sellerie, wilder Pastinakwurzel
- 1/2 Fenchelknolle
- 1 Lorbeerblatt
- 1/2 Peperoni
- einige Pfefferkörner, zerdrückt
- 7 Zweige Thymian
- Je 2 Zweige Liebstöckel, Knoblauchsrauke, Zitronenmelisse oder Schwarznessel
- 1 Zweig Selleriekraut
- 1 Esslöffel Schnittknoblauch
- 1 Tomate, gewürfelt
- 1 Knoblauchzehe, gehackt
- 1 Messerspitze Safran
- Salz, Pfeffer
- Olivenöl
- 1/8 l Weißwein
- 1 l Wasser

Einlage

- 300–400 g gemischter Fisch und Meeresfrüchte, z. B. Seezunge, Lotte, Seelachs, Krabben, Muschelfleisch

- 1 Knoblauchzehe in dünnen Scheiben
- 1 Karotte in Stiften
- 20 g Sellerie in Stiften
- 3 Stängel frischer Dill, geschnitten

Die Karkassen und das grob geschnittene Gemüse in Olivenöl kräftig andünsten und mit der Hälfte des Weißweins und 1 l Wasser aufgießen. Kräuter und Gewürze zugeben und 30–40 Minuten köcheln lassen. Alles durch ein Sieb gießen und restlichen Wein zugeben. Knoblauchzehe, Karotte und Sellerie mit den Fischstücken, Krabben und Muscheln beigeben und 10 Minuten ziehen lassen. Mit Dill bestreuen.

Rote Linsen-Suppe mit Kräutern

- 250 g Rote Linsen
- Je 3 Esslöffel frischer Ysop und Bohnenkraut, gehackt, oder je 2 Esslöffel Trockenkraut, gemörsert
- Concassé aus 3 Tomaten oder 4 Esslöffel Tomatenmark
- 1 Apfel, gerieben
- 1 l Wasser
- Gepresste Zitrone
- Kräutersalz

Linsen und Apfel im kalten Salzwasser aufsetzen, mit den Kräutern etwa 5 Minuten aufkochen. Tomaten-Concassé (das sind enthäutete und entkernte, in kleine Würfel geschnittene Tomaten) oder Tomatenmark beigeben und etwa 10 Minuten weiterköcheln lassen. Mit Zitrone und Kräutersalz abschmecken.

Vorsicht! Rote Linsen werden schnell gar, zu lange gekocht erhält man einen Brei.

Zucchini-Kräuter-Kaltschale

- 200 g Zucchini, gewürfelt
- 200 g Gartengurke, gewürfelt
- 1 l Wasser oder Kräuterbouillon
- 3 Teelöffel Senfsamen
- 6 Esslöffel gehackte Kräuter: Borretsch, Zitronenmelisse, Sauerampfer, Liebstöckel, Petersilie, Selleriekraut
- 1 Esslöffel Sonnenblumenöl
- 1 Prise Zucker
- Wenig fein gehackte Peperoni oder Peperonipulver
- Salz

Senfsamen in Öl andünsten, Zucchini und Gurke beigeben und mit Wasser oder Bouillon ablöschen. Salz und Zucker zugeben und zum Kochen bringen, etwa 12 Minuten köcheln. Die Kräuter und Gewürze beigeben und nochmals 5 Minuten weiterköcheln. Pürieren und kalt stellen.
→ Schmeckt auch warm sehr lecker.

Gazpacho mit Kräutern

(Foto oben)

- 750 g sehr reife Tomaten
- 2 rote Paprikaschoten
- 4 Schalotten
- 1 Gartengurke oder Zucchini
- 4 Esslöffel Oliven- oder Pflanzenöl
- 2 Esslöffel Balsamico-Essig
- 1/2 l kaltes Wasser
- 8 Stängel Petersilie
- 6 Stängel Oregano
- 4 Stängel Minze
- 4 Stängel Ysop
- 4 Blätter Borretsch
- 1 Knoblauchzehe, gepresst
- etwas Peperoni
- Worcestersauce
- Salz, Pfeffer

Das Gemüse klein schneiden, die Kräuter abzupfen und zerkleinert untermischen. Das Ganze mit einem Pürierstab oder im Mixer pürieren. Öl, Essig und Wasser zugeben und mit den Gewürzen abschmecken. Im Kühlschrank kühlen und kalt servieren.

→ Besonders lecker mit in Knoblauchbutter gebratenen Brotwürfeln.

Salate

Hopfensprossensalat

(Foto unten)

- Sehr junge Hopfensprossen (300 bis 350 g pro Person; hinter dem ersten kleinen Blatt abschneiden)

Vinaigrette

- 2 Esslöffel Balsamico-Essig
- 4 Esslöffel Traubenkernöl
- Salz, Pfeffer
- Senf

Die Hopfensprossen waschen und in Salzwasser nur ganz kurz blanchieren. Sie dürfen nicht zu weich werden, sondern sollten noch knacken. Aus den Zutaten eine Salatsoße rühren und über die Hopfensprossen gießen. → Kann lauwarm oder kalt serviert werden.

Wildkräutersalat

- 250 g frische junge Blätter von Gänseblümchen, Bibernelle, Schlüsselblumen, Ackersenf, Hirtentäschel, Sauerampfer, Giersch
- 1 Bund Radieschen oder 1 kleiner weißer Rettich in dünnen Scheiben
-

Marinade

- 2 Esslöffel Essig
- 4 Esslöffel Pflanzenöl
- 1/2 Teelöffel Senf (am besten Pommery)
- Salz, Pfeffer
- 2 Prisen Zucker

Die Zutaten für die Marinade miteinander verrühren und erst kurz vor dem Servieren über den geputzten und bunt gemischten Salat geben.

Löwenzahnsalat Französische Art

- 200 g junge Löwenzahnblätter
- 12 Kirschtomaten
- 80 g Ziegenfrischkäse

Vinaigrette

- 3 Esslöffel Balsamico-Essig
- 4–5 Esslöffel Olivenöl
- Salz, Pfeffer
- 1 Prise Zucker
- Dijonsenf

Ganze Löwenzahnblätter und halbierte Kirschtomaten mit der Vinaigrette vermischen und mit Flocken aus Ziegenfrischkäse bestreuen.

Brunnenkresse mit Feta und Croutons (Foto oben)

- 100 g Brunnenkresse
- 80 g Feta
- 1 Esslöffel Olivenöl
- 2–3 Weißbrotscheiben
- 1 Esslöffel Butter

Dressing

- 2 Esslöffel Balsamico-Essig
- 3 Esslöffel Sesam- oder Pflanzenöl
- Salz, Pfeffer
- Gehackte, frische Kräuter: Petersilie, Kerbel, Schnittlauch
- Brennnesselsamen

Salatdressing rühren. Feta in dünne Scheiben schneiden und in einer

Pfanne mit erhitztem Olivenöl goldgelb anrösten. Weißbrot in Würfel schneiden und in der Butter knusprig rösten. Die Brunnenkresse auf Tellern portionieren und mit Dressing übergießen. Warmen Feta und die Croutons darauf verteilen und mit Kräutern bestreuen.

Farfalle mit Bärlauchdressing

(Foto oben)

- 250 g Farfalle
- 200 g Kirschtomaten, halbiert
- einige schwarze Oliven

Dressing

- 3 Esslöffel Balsamico-Essig
- 8 Esslöffel Oliven- oder Pflanzenöl
- 50 g Bärlauch oder Knoblauchsrauke
- 1 Esslöffel Mayonnaise
- 1 Esslöffel Joghurt
- 1 Esslöffel Tomatenketchup
- Salz, Kräutersalz
- Pfeffer

Farfalle weich kochen – für einen Salat sollen sie nicht al dente sein – abgießen und mit kaltem Wasser abschrecken, die Nudeln abkühlen lassen. Bärlauchblätter ohne Stängel klein hacken und mit den anderen Zutaten zu einer Soße vermischen. Die abgekühlten Farfalle mit der Soße gut durchmischen und mit den Kirschtomaten und schwarzen Oliven garnieren.

→ Dazu passt frischer Parmesan, dünn darüber gehobelt.

Kartoffelsalat mit Kräutern

- 12 Kartoffeln (Salatware)
- 1 Zwiebel, fein gehackt
- 3–4 Esslöffel Kräuter- oder Weinessig
- 4 Esslöffel Pflanzenöl
- 1/2 Becher Joghurt
- Salz, Pfeffer
- 1/8 Liter kräftige Brühe
- 4 Esslöffel gehackte Kräuter: Borretsch, Gartenkresse, Bohnenkraut, (wilder) Schnittlauch, Kapuzinerkresse, Portulak, Giersch, Gundelrebe

Es gibt eine unzählige Menge von Rezepten für Kartoffelsalat. Wir schlagen vor: 3 mittelgroße Kartoffeln pro Person. Kartoffeln gekocht und gepellt in feine Scheiben hobeln. Zwiebeln zugeben und mit der Brühe übergießen. Essig, Öl, Joghurt, Salz, Pfeffer und Kräuter zugeben, kurz vermengen und ziehen lassen. Nach Belieben mit Blüten von Borretsch oder Kapuzinerkresse dekorieren.

Vorspeisen und kleine Gerichte

Artischocken kalt mit Estragon-Kräuter-Dip

(Foto unten)

- 4 große oder 8 kleine Artischocken

Dip

- 4 Esslöffel Artischockensud
- 8 Stängel frischer Estragon oder 2 Teelöffel, getrocknet und gemörsert
- je 4 Stängel frischer Thymian oder Basilikum oder je 1/2 Teelöffel, getrocknet und gemörsert
- 2 Stängel Dost/Oregano oder 1/2 Teelöffel, getrocknet und gemörsert
- 4 Esslöffel Mayonnaise (siehe Seite 118/119)
- 8 Esslöffel Joghurt
- 1/2 Teelöffel Estragon-Essig
- 1/2 Teelöffel Zitronensaft
- Worcestersoße

Kräuter hacken und mit den anderen Zutaten verquirlen. Durch Joghurt wird die richtige Dickflüssigkeit erreicht. Stiele der Artischocken abschneiden. Blattspitzen mit einer Schere ringsum kappen. In einem Topf mit kochendem Salzwasser und etwas Essig 30–40 Minuten kochen, bis sich die Außenblätter ablösen lassen. Artischockenblätter einzeln in die Soße dippen und das Fruchtfleisch zwischen den Zähnen abziehen. Zuletzt Distelfasern im Zentrum entfernen und den Boden – das „Herz" der Artischocke – mit Besteck zerteilen und weiter dippen.

Variante: Artischocke vinaigrette

Statt des Dips eine Vinaigrette aus

- 1 Esslöffel gehacktem Estragon
- 1 Esslöffel Mayonnaise
- 1 Esslöffel Joghurt
- 3 Esslöffeln Essig
- 4 Esslöffeln Öl

zubereiten.

Diese dünnflüssige Vinaigrette wird anders als ein Dip verwendet: Die Blätter der gekochten Artischocke werden von der Mitte her aufgespreizt und die Vinaigrette hineinverteilt. Kurz marinieren lassen.

Artischocken warm mit Estragonsoße

- 4 große Artischocken
- 2 Zweige frischer Estragon oder 1/2 Teelöffel, getrocknet und gemörsert
- 3 Stängel Petersilie
- 2 Eigelb
- 1 Esslöffel Weinessig
- 4 Esslöffel Kochsud
- 1 Esslöffel sehr fein gehackte Schalotte
- 40 g Butter
- Worcestersoße
- Salz, Pfeffer

Für die Estragonsoße die Eigelbe mit dem Kochsud und dem Essig in einer Schlagschüssel über dem Wasserbad schaumig aufschlagen. Die Schalotten in Butter andünsten und unter die Schaumcreme heben. Die sehr fein gehackten Kräuter langsam einrühren. Mit Zitronensaft, Worcestersoße, Salz und Pfeffer abschmecken. Beides zusammen warm servieren.

→ Wie man Artischocken kocht und isst, steht im vorherigen Rezept (siehe Seite 81).

Champignons mit Kräuterbutter überbacken

- 12–16 Champignonköpfe je nach Größe
- 5–6 Esslöffel Kräuterbutter (Rezept von Seite 124)

Stiele der Champignons herausdrehen, sehr fein wiegen. Mit einer Gabel die gehackten Stiele mit der Butter vermengen und salzen. Die Champignonköpfe mit der Masse füllen, mit Öl bepinseln und in einer gefetteten Form 5–10 Minuten überbacken.

Mozzarella Pizzaiola

- 4 mittelgroße Strauchtomaten
- 1 großer oder 2 kleine Mozzarella
- 2 Esslöffel Oregano, gemörsert
- Salz, Pfeffer
- Olivenöl

4 Backförmchen oder 1 große feuerfeste Form ausfetten. Tomaten in Scheiben auslegen, leicht salzen und pfeffern, mit einem Teil des Oregano bestreuen. Darüber den Mozzarella in Scheiben oder Würfeln geben und mit dem restlichen Oregano bestreuen. Nach Belieben können auch 2–3 Schichten im Wechsel gelegt werden. Im vorgeheizten Backofen bei 200 °C etwa 10–15 Minuten backen, bis der Mozzarella geschmolzen ist. Mit italienischem Brot servieren.

Weiße Bohnen, gekräutert

(Foto oben)

- 250 g weiße Bohnen, auch gemischt mit roten
- 1 Zwiebel
- 1 Karotte
- 1 Peperoni (scharf)
- Salz

Wildkräuterdressing

- 5 Esslöffel gehackte Wildkräuter je nach Jahreszeit: Bärlauch, Knoblauchsrauke, wilder Schnittlauch, Sauerklee, Dost, Quendel, Ysop, Bohnenkraut
- Brennnesselsamen
- Hirtentäschelsamen
- Senfkörner (vom Ackersenf)
- 4 Esslöffel Rosmarin- oder Kräuteressig
- 4 Esslöffel neutrales Pflanzenöl
- 2 Esslöffel Kürbiskernöl
- Salz, Pfeffer

Die Bohnenkerne über Nacht einweichen, abgießen und in Salzwasser mit Zwiebel, Karotte und der Peperoni garkochen, abgießen und abkühlen lassen. Peperoni entfernen. Aus den Zutaten ein Wildkräuter-Dressing rühren, mit den Bohnen gut vermengen und 1–2 Stunden durchziehen lassen.

Frühlingseier

- 8 Eier
- 4 Esslöffel gehackte Kräuter: Petersilie, Gundelrebe, Schnittlauch, Liebstöckel, Hirtentäschel, Sauerampfer, Schafgarbe
- 1 Teelöffel Senf
- 2 Teelöffel Essig
- 1 Esslöffel Pflanzenöl
- Salz
- 1 Prise Zucker
- etwas Sojasoße
- etwas Kräutersalz

Die Eier etwa 8 Minuten hart kochen – nicht länger, da das Eigelb sonst sein Aroma verliert. Die Eier längs halbieren und die Eigelbe mit einem Teelöffel vorsichtig herausheben. Die Eigelbe und alle weiteren Zutaten mit einer Gabel zu einer Masse vermengen und abschmecken. Die Eiweißhälften mit Häufchen der Kräutermasse füllen.
→ Dazu passen auch einige Tropfen Worcestersoße. Die Kräutermischung kann je nach Geschmack auch anders zusammengestellt und nach Belieben in den Mengen gewichtet werden.

Avocado mit Bärlauch-Aioli

(Foto rechts)

- 2 Avocados, halbiert, entsteint
- 10 große oder 15 kleine Bärlauchblätter
- 4 Esslöffel Mayonnaise
- 4 Esslöffel Joghurt
- 2–3 Esslöffel Ketchup
- Zitrone zum Beträufeln

Bärlauch sehr fein schneiden oder mit dem Pürierstab zerkleinern und mit allen Zutaten zu einer homogenen Aioli vermischen. Die halbierten Avocados mit Zitrone beträufeln und die Aioli hineinverteilen.
→ Die Aioli eignet sich auch als Cocktailsoße für Krabben oder Geflügel. Variante: Dillspitzen zugeben.

Gefüllte Tomaten mit Avocado-Kräuter-Creme

- etwa 16 Cocktail-Tomaten
- 3 Esslöffel Petersilie, gehackt
- 3 Esslöffel frischer Koriander oder Kapuzinerkresse, gehackt
- 1/2 Avocado
- 3–4 Esslöffel Crème fraîche
- 4 Esslöffel Joghurt
- Saft von 1/2 Zitrone
- Salz

Alle Zutaten bis auf die Tomaten mit einer Gabel gut durchmischen. Die Cocktail-Tomaten aushöhlen (mit Pariser Ausstecher oder Grapefruitmesser) und mit der Masse füllen.
→ Ideal für kalte Buffets.

Lachstatar

(Foto Seite 86)

- 200–250 g frischer Lachs
- 1/2 Zitrone, gepresst
- 2 Esslöffel Gartengurke, gewürfelt
- 4 Esslöffel Garten- oder Kapuzinerkresse, gehackt
- 4 Esslöffel Kerbel, gehackt
- 2 Esslöffel Schwarznessel oder Zitronenmelisse, gehackt
- 2 Esslöffel Basilikum oder Rauke, gehackt

Dressing

- 2 Esslöffel Sojasoße
- 2 Esslöffel Fischsoße (Asienladen)
- 3 Esslöffel Distelöl
- 1/2 Orange, gepresst
- 1 Esslöffel Ingwer, zerdrückt
- 1/2 Teelöffel Tabasco oder Chilisoße
- 1 Teelöffel Meerrettich
- Salz
- Pfeffer

Fisch würfeln, mit Zitrone beträufeln und mit der Gurke und den gehackten Kräutern vermengen. Aus allen anderen Zutaten ein Dressing rühren, über die gekräuterten Fischwürfel gießen

und vermengen. Mit Toast oder Weißbrot servieren.

→ Auch mit rohem Thunfisch oder Seeteufel zu empfehlen.

Räucherfisch mit Kräutermousse

- 250–300 g Räucherfisch

Mousse

- 50 g fein gehackte Kräuter: Dill, Petersilie, Kerbel oder Estragon
- 1 Schalotte
- 2 Blatt weiße Gelatine
- 1 Esslöffel Butter
- 200 g Sahne
- 1 Teelöffel Dijonsenf
- 1 Teelöffel Zitronensaft
- Salz, Pfeffer

Die Gelatineblätter in kaltem Wasser einweichen. Fein gewürfelte Schalotte in der Butter glasig dünsten, gehackte Kräuter zugeben und 100 g Sahne angießen. Bei niedriger Hitze etwa 5 Minuten köcheln lassen. Mit Salz, wenig Pfeffer, Zitrone und Dijonsenf würzen. Die Gelatine ausdrücken und unterrühren. Die Masse auf Eis erkalten lassen, nicht tiefkühlen. Bevor die Masse geliert, die restliche geschlagene Sahne vorsichtig unterziehen und zur Mousse erkalten lassen. Kleine Nockerln abstechen und auf dem Räucherfisch servieren.

→ Besonders geeignet für kaltes Buffet.

Flusskrebse mit Kräutern

(Foto rechts)

- 20–30 Flusskrebsschwänze
- 1 Schalotte, fein gehackt
- fein gehackte frische Kräuter:
  3 Esslöffel Schnittlauch oder Schnittknoblauch
  2 Esslöffel Bärlauch oder Knoblauchsrauke
  1 Esslöffel Dill
  1 Esslöffel Petersilie oder Kerbel
- 4–6 Knoblauchzehen
- 1/2 getrocknete Peperoni, gemörsert
- Salz
- 1/2 Zitrone, gepresst
- 100 g Fischfond oder Gemüsebrühe
- 200 g Crème fraîche
- Olivenöl

Die Schalottenwürfel in Öl erhitzen und auf kleiner Flamme weich dünsten. Kräuter, Knoblauch, Peperoni, Salz und Zitrone hineingeben. Mit Fischfond oder Brühe angießen und die Crème fraîche unterrühren. Die Krebsschwänze darin 5–10 Minuten bei sehr milder Hitze ziehen lassen. Mit Weißbrot oder Toast servieren.

Kräuter-Tomaten

- 4 große Tomaten
- 8 Esslöffel frische gehackte Kräuter: Petersilie, Basilikum, Zitronenmelisse oder Schwarznessel, Thymian, Minze, Dill
- 2 Knoblauchzehen, gehackt
- 6–8 Esslöffel Olivenöl
- 8 Esslöffel Semmelbrösel
- 20 g geriebener Parmesan
- 200 g saure Sahne
- Salz, Pfeffer

Tomaten waschen, quer halbieren und aushöhlen. Semmelbrösel, Parmesan, Kräuter, Salz und Pfeffer, etwas Öl und saure Sahne vermischen. Tomatenhälften in eine ausgefettete feuerfeste Form legen, innen leicht salzen, mit der Mischung füllen. Das restliche Öl über die Tomaten träufeln und im vorgeheizten Backofen bei 175 °C 20–30 Minuten backen.

→ Als Vorspeise mit Weißbrot oder zu gegrilltem Fisch oder Fleisch servieren.

Rote Beete-Carpaccio mit Kräuter-Vinaigrette

(Foto unten)

- 400 g Rote Beete
- 120 g Ziegenfrischkäse
- 2 Schalotten oder 1 kleine Zwiebel in dünnen Ringen oder Scheiben
- 1/2 Apfel, dünn gehobelt

Vinaigrette

- 5 Esslöffel Kräuter: Basilikum, Quendel/Thymian, Rosmarin
- 2 Knoblauchzehen, gepresst
- 2 Esslöffel Balsamico-Essig
- 5 Esslöffel Olivenöl
- 1 Tasse warme Gemüse- oder Kräuterbouillon

Die geschälte Rote Beete in sehr dünne Scheiben schneiden oder hobeln und nur kurz in Salzwasser blanchieren. Die Rote Beete-Scheiben, den gewürfelten Ziegenkäse, die Zwiebelringe und den gehobelten Apfel auf vier Tellern anrichten. Aus den fein gehackten Kräutern und restlichen Zutaten eine Vinaigrette rühren und über die Teller verteilen.

Kohlrabi-Kräuter-Carpaccio

- 2 große oder 3 kleine Kohlrabi

Vinaigrette

- 3 Esslöffel Estragon-Essig
- 4 Esslöffel Sesamöl
- 2 Esslöffel gehackte Kräuter: Petersilie, Kerbel, Schnittlauch, Kapuzinerkresse
- 4 Teelöffel Kapern mit etwas
- Kapernmarinade (siehe Seite 122)
- 2 Esslöffel reife Brennnesselsamen
- 1 Teelöffel Senf
- 1 Prise Zucker
- Kräutersalz

Den geschälten Kohlrabi in dünne Scheiben schneiden und in kochendem Salzwasser kurz blanchieren. Aus den Zutaten eine Vinaigrette rühren, die lauwarmen Kohlrabischeiben auf Tellern verteilen, mit der Vinaigrette begießen und sofort servieren.

Ausgebackene Kräuter

Geeignete Kräuterblätter

- Salbei (schmeckt am kräftigsten)
- Borretsch
- Rucola
- Löwenzahn
- Petersilie
- Schwarznessel

Bierteig

- 50 g Mehl
- 1 Eigelb
- 1 Tasse Bier
- Salz
- Pflanzenöl zum Ausbacken

Aus Eigelb, Mehl, Bier und etwas Salz einen Bierteig herstellen und kurze Zeit ruhen lassen. Der Teig muss zähflüssig sein, notfalls mit Bier oder Mehl korrigieren. Reichlich Öl in einem Topf oder einer Fritteuse auf 150–170 °C erhitzen. Allzu große Blätter teilen. Die sauberen Kräuterblätter einzeln durch den Bierteig ziehen und portionsweise in das Fett geben. Einige Minuten goldbraun frittieren, mit dem Schaumlöffel herausheben und auf Küchenkrepp abtropfen lassen. Sofort servieren.

→ Wunderbar im Frühjahr und Sommer zu einem Aperitif.

Bärlauch-Kartoffelbällchen

- 300 g Kartoffelbrei
- 100 g Bärlauchblätter
- 2 Esslöffel Sahne

Bärlauchblätter ohne Stiele ganz fein hacken oder mit dem Pürierstab pürieren. Mit dem festen Kartoffelbrei und der Sahne sehr gut vermengen. Als Häufchen, Bällchen oder Nockerln auf Bärlauchblättern anrichten.

→ Auch schmackhafte Beilage für Fisch oder Lamm. Variation: Man kann die festen Bällchen panieren und als Kroketten ausbacken.

Bärlauchröllchen mit Kräuter-Frischkäse

(Foto unten)

- 250 g Frischkäse
- 10 Bärlauchblätter, klein gehackt
- etwas Schnittlauch, geschnitten
- Salz, Pfeffer
- Bärlauchblätter zum Einrollen
- Bärlauch-Blütenstängel

Käse, gehackte Bärlauchblätter und Schnittlauch zu einer homogenen Masse vermengen und mit Salz und Pfeffer abschmecken. Je 3 Bärlauchblätter ohne Stiele überlappend auslegen, mit 1–2 Esslöffeln Kräuterkäse belegen und zu einem Röllchen oder zu einem Päckchen einrollen. Mit Blütenstängeln feststecken. Dazu die Löcher mit Zahnstocher vorstechen.

→ Eine herrliche Vorspeise und der Renner bei jedem Buffet. Sehr schnell zubereitet und im Kühlschrank auch 1–2 Tage haltbar.

Blätterteigtarte mit Kräuterquark

(Foto Seite 91 oben)

- 3–4 Esslöffel frische gehackte Gartenkräuter: Schnittknoblauch/Schnittlauch, Dill, Petersilie, Estragon, Pimpinelle, Borretsch
- 2 Esslöffel Olivenöl
- Salz, Pfeffer
- 250 g Quark (20 %)
- 4–6 Scheiben Blätterteig

Die Kräuter sehr fein hacken, mit dem Quark und dem Öl vermengen. Mit

Salz und wenig Pfeffer abschmecken. Blätterteig nach Anleitung auftauen, Springform damit auslegen und mit der Quark-Kräutermasse bestreichen. Im vorgeheizten Backofen (Temperatur nach Angabe auf der Blätterteigpackung) 10–20 Minuten backen. Warm oder kalt servieren.

Ziegenkäse-Bällchen

(Foto rechts unten)

- 150 g Ziegenfrischkäse
- 4 Esslöffel fein gehackte Kräuter: Bärlauch, Schnittlauch, Petersilie, Zitronenmelisse, Majoran/Dost

Aus dem Ziegenkäse kleine Bällchen formen. Die gemischten, gehackten Kräuter auf einen Teller streuen und die Bällchen darin rundherum wenden. Je nach Jahreszeit kann man die Kräutermischungen ändern. Auch Bällchen mit nur einem Würzkraut sind lecker.

Kräuterkäse

- 300 g Emmentaler
- 1 Becher Joghurt
- 40–50 g frische Kräuter: Bärlauch, Sauerampfer, Hirtentäschel, Kerbel, Liebstöckel, Wiesen-Schnittlauch, Wiesenschaumkraut
- wenig Salz oder Kräutersalz

Den Emmentaler hobeln oder reiben und mit dem Joghurt zu einer Masse verrühren. Die Kräuter fein schneiden oder hacken und untermengen. Mit etwas Kräutersalz abschmecken.

→ Grob gehobelter Käse hat mehr Biss. Mit fein geriebenem Käse wird alles zu einer Creme.

Vegetarische Hauptgerichte

Spinat aus Wildkräutern

- 300–400 g Kräuterblätter, wahlweise: Löwenzahn, Brennnessel, Taubnessel, Schlüsselblume, Spitzwegerich, Gundelrebe, Gänseblümchen, Hirtentäschel, Giersch, Sauerampfer, Malve

Nur ganz junge, zarte Blätter sind geeignet. Der Hauptanteil der Blätter sollte aus Brennnesseln, Löwenzahn und Giersch bestehen. Alle anderen Blätter können in beliebiger Gewichtung beigemischt werden.

- 1–2 Zwiebeln
- 20 g Butter
- 1/2 Zitrone, gepresst
- 2 Tassen Gemüsebrühe
- 2 Tassen Milch
- Salz, Muskat
- 100 g Crème fraîche nach Bedarf

Die gehackte Zwiebel in der erhitzten Butter glasig dünsten und die geputzten Spinatblätter dazugeben. Mit Brühe und Milch 10–15 Minuten weich dünsten, häufiger umrühren. Mit Zitrone, Salz und Muskat abschmecken und die Crème fraîche unterziehen.

→ Wildspinat ist kräftiger im Geschmack, gart länger, saftet weniger und fällt weniger zusammen als Marktspinat. Er ist daher ergiebiger. Mit 1 l Bouillon und Sahne entsteht eine köstliche Wildspinatsuppe.

Spinat-Lasagne

- 250 g Lasagneblätter
- 100 g frisch geriebener Gruyère
- 2 Zwiebeln, gehackt
- Butter
- 300 g Wildspinat-Kräuter, wahlweise: Löwenzahn, Brennnessel, Hirtentäschel, Gundelrebe, Giersch, Wilder Pastinak, Knoblauchsrauke, Spitzwegerich, Malve, Bockshornklee
- 3–4 Esslöffel Trockenkräuter: Dost/Oregano, Quendel/Thymian, Ysop, Bärlauch oder Basilikum
- 2 Esslöffel Olivenöl
- 2 Tassen Gemüsebrühe
- 1/2 Zitrone, gepresst

Béchamelsoße

- 75 g Butter
- 75 g Mehl
- 1/2 l Milch
- 1/2 l Gemüsebrühe
- Salz, Muskat

Die gehackten Zwiebeln in Öl glasig dünsten. Die sauberen Spinatkräuter und die Gemüsebrühe beigeben und etwa 10–15 Minuten köcheln, bis die Blätter weich sind. Mit Salz und Muskat würzen.

Für die Béchamelsoße die Butter zerlassen und unter ständigem Rühren mit Mehl verrühren. Milch und Gemüsebrühe angießen und bei schwacher Hitze unter Umrühren bis zur richtigen Dickflüssigkeit köcheln. Mit Salz und Muskat abschmecken.

Eine rechteckige, feuerfeste Form ausbuttern und den Boden mit Béchamel-

soße bedecken, anschließend mit einer Schicht Lasagneblättern auslegen. Mit Béchamelsoße bestreichen, Spinat darüber verteilen und mit geriebenem Gruyère und Würzkräutern bestreuen. Dann wieder Lasagneblätter darauf legen usw. Die oberste Schicht Lasagneblätter mit einer Schicht Béchamelsoße bestreichen, mit dem restlichen Käse bestreuen und darauf ein paar Butterflöckchen setzen.
Im vorgeheizten Backofen bei 200 °C etwa 30–40 Minuten backen. Sollte die Oberfläche zu dunkel werden, am Schluss mit einer Alufolie abdecken.

Zucchini mit Kräutern

(Foto oben)

- 2 große oder 4 kleine Zucchini
- 1 Tomate
- 1/2 Paprikaschote
- 8 Esslöffel frische Kräuter: Petersilie, Schnittlauch, Kerbel, Pimpinelle, Minze, Basilikum oder Rucola
- 1 Esslöffel Semmelbrösel
- 100 g Emmentaler, gerieben
- 1/8 l Gemüse- oder Kräuterbouillon
- Salz, Pfeffer

Die Zucchini halbieren und bis auf einen 1 cm breiten Rand das Fruchtfleisch mit einem Löffel herauskratzen. Das Zucchinifleisch mit Tomate und Paprika klein hacken. Die Kräuter klein schneiden. Die Zucchinihälften kurz in Salzwasser blanchieren. Gemüse, Kräuter und 50 g Käse mit Salz und Pfeffer gut vermengen und in die Zucchinihäften verteilen. Semmelbrösel und restlichen Käse darüber streuen und in eine gefettete Auflaufform setzen. Etwas Gemüsebrühe angießen. 25–30 Minuten überbacken, herausnehmen und mit der restlichen Gemüsebrühe den Bodensatz zu einer Soße aufkochen.

Spargel mit Vinaigrette

- Etwa 1 kg Spargel

Vinaigrette

- 200 g Kräuterblätter, fein gehackt:
  Wildkräuter: Schafgarbe, Wiesenschaumkraut, Hirtentäschel, wilder Schnittlauch, Gänseblümchenblätter, Sauerampfer, Knoblauchsrauke, Giersch, Bibernelle
  Gartenkräuter: Petersilie, Liebstöckel, Ysop, Kerbel, Dill, Estragon, Schnittlauch, Zitronenmelisse, Pimpinelle
- 4 hart gekochte Eier (8 Minuten), gewürfelt
- 2 Esslöffel Essig
- 4 Esslöffel Pflanzenöl
- 1 Prise Zucker
- 1 Messerspitze Senf
- Salz, Pfeffer

Spargel schälen und in Salzwasser mit einer Prise Zucker und 5 Tropfen Weinessig nicht zu weich kochen. Für die Vinaigrette in der Reihenfolge Essig, Öl, Salz, Pfeffer, Senf, Zucker und gehackte Kräuter mit Schneebesen oder Gabel gut verrühren. Zuletzt die gewürfelten harten Eier zugeben.

→ Die Vinaigrette ist vielseitig verwendbar; sie passt auch zu Fisch, Schwarzwurzeln, Artischocken und Blumenkohl.

Kräuter-Omelette

(Foto rechts)

- 4 Eier
- 6 Esslöffel Milch
- 2 Esslöffel Butter oder Pflanzenöl
- Kräuterblätter, klein gehackt:
  Gartenkräuter: 2 Esslöffel Schnittlauch, 2 Esslöffel Petersilie, je 1 Esslöffel Kerbel, Pimpinelle, Estragon, Zitronenmelisse oder
  Wildkräuter: (insgesamt 8 Esslöffel): Wiesenschnittlauch, Sauerampfer, Giersch/Wilde Pastinake, Gundelrebe, Knoblauchsrauke, Brennnessel
- Salz, Pfeffer
- 2 Prisen Zucker
- 20 g Reibekäse

Die Eier mit der Milch verquirlen und mit Salz und Zucker würzen. Nach Belieben mehrere dünne oder zwei dicke Omelettes backen: Butter in einer Pfanne erhitzen. Einen Teil der Eiermasse hineingeben, leicht stocken lassen und mit den gehackten Kräutern bestreuen. Bei niedriger Temperatur weiterbacken und wenden. Zuletzt den Käse darüber reiben und etwas pfeffern. Gerollt oder geklappt servieren.

→ Dazu passt Salat oder Spargel. Variante: ein paar gehackte Tomatenstücke zugeben.

Kräuterrisotto

- 250 g Risotto-Reis
- 1 Zwiebel
- 3–4 Knoblauchzehen
- 3 Esslöffel Olivenöl
- 2 Esslöffel Butter
- 1 l Gemüsebrühe
- 2 Esslöffel getrocknete Herbes de Provence: Majoran, Thymian, Rosmarin oder Estragon, Liebstöckel, Petersilie, Basilikum oder Rucola
- Bergkäse oder Parmesan

Die gehackte Zwiebel, den gewaschenen Reis und den zerdrückten Knoblauch in Olivenöl glasig dünsten. Die Gemüsebrühe unter ständigem Rühren nach und nach angießen. Der Reis darf nicht ansetzen. Nach etwa 10 Minuten die Kräutermischung unterrühren und weiterköcheln lassen, bis der Reis gegart ist. Zuletzt kurz abgedeckt ziehen lassen und mit Butterflocken und fein gehobeltem Käse servieren.

Roter Risotto

(Foto oben)

- 250 g Risotto-Reis
- 1 Zwiebel
- 3 Esslöffel Olivenöl
- 3 Esslöffel Butter
- 1 l Tomatensaft
- 3 Esslöffel getrocknetes Basilikum oder 80 g frisches Basilikum
- Salz, weißer Pfeffer
- 1–2 Prisen Zucker
- Parmesan

Den gewaschenen Reis und die gehackte Zwiebel in Öl und Butter 3 Minuten glasig andünsten. Mit etwas Tomatensaft angießen. Unter ständigem

Rühren stets Tomatensaft nachgießen, bis der Reis bedeckt ist. Nach etwa 10 Minuten getrocknetes Basilikum, Salz und Zucker zugeben und alles weiter leise garkochen. Frisches Basilikum erst am Schluss beimischen. Mit gehobeltem Parmesan und etwas weißem Pfeffer aus der Mühle servieren.

Kräuter-Gnocchi

- 500 g gekochte Kartoffeln vom Vortag, gehobelt
- 2 Eier
- 4 Esslöffel Mehl
- 5 Esslöffel Kräuter, sehr fein gehackt, wahlweise: Dill, Kerbel, Basilikum, Pimpinelle, Fenchelkraut, Petersilie, Portulak
- Salz, Kräutersalz
- 2 Esslöffel Mehl zum Rollen

Aus Kartoffeln, Eiern, Mehl, Kräutern und etwas Salz einen Teig kneten.

Kleine ovale Rollen formen und in Mehl, vermischt mit Kräutersalz, wälzen. In sprudelnd kochendes Salzwasser geben und sieden lassen, bis die Gnocchi oben schwimmen. Mit dem Schaumlöffel herausnehmen. Zerlassene Butter und frisch gehackte Kräuter darüber geben.
→ Gut auch als Beilage zu Kalb- oder Putenschnitzel oder zu Fischsteaks.

Kräuter-Couscous (Foto unten)

- 500 g Couscous, grob oder fein
- 1 Zwiebel, fein gehackt
- 200 g Kräuter, wahlweise
  Gartenkräuter: Petersilie, Basilikum, Pimpinelle, Borretsch, Thymian, Bohnenkraut, Ysop oder Schwarznessel oder
  Wildkräuter: Löwenzahn, Brennnessel, Gundelrebe, Bärlauch, Knoblauchsrauke, Giersch, Bibernelle
- 1/2 rote Paprikaschote, gewürfelt
- 1/2 gelbe Paprikaschote, gewürfelt
- 1 Tomate, gewürfelt
- 1/2 kleine Zucchini, gewürfelt
- 1/2 kleine Aubergine, gewürfelt
- 1 Esslöffel Tomatenmark
- 2 Knoblauchzehen, zerdrückt
- Olivenöl
- 1 l Wasser
- Salz, Pfeffer

Zwiebel und Gemüse in Öl andünsten, alle gehackten Gartenkräuter und Gewürze zugeben und 3 Minuten dünsten. 500 g Couscous mit 4 Esslöffeln Olivenöl durchmischen und 1 l kochendes Salzwasser zugeben. Durchrühren und 10 Minuten abgedeckt ziehen lassen. Die Kräutermischung unterrühren.
→ Leckeres und schnelles Gericht, auch als Beilage zu Geflügel, hellem Fleisch, Fisch oder Pilzschnitzel.

Spaghetti mit Auberginen-Kräuter-Sugo

- Spaghetti für 4 Personen
- 1/2 Zwiebel, gehackt
- 2 Knoblauchzehen, zerdrückt
- 4 Esslöffel Olivenöl
- 1/2 Aubergine, klein gewürfelt
- 4 Tomaten, klein gewürfelt
- 2 Esslöffel Herbes de Provence, gemörsert: Oregano, Thymian, Basilikum, Rosmarin, Liebstöckel
- 1 kleine Peperoni
- 1/2 Teelöffel Zucker
- Meersalz, Pfeffer

Zwiebeln und Knoblauch in Olivenöl andünsten, alle anderen Zutaten beifügen und 20 Minuten köcheln. Mit einem Kartoffelpüreestampfer oder ähnlichem zu einem homogenen, sämigen Sugo stampfen. Die Tomaten- und Auberginenwürfel sollten nicht ganz püriert werden. Spaghetti in Salzwasser al dente kochen und mit dem Sugo servieren.

Ravioli mit Bärlauchfülle

(Foto rechts)

Fülle

- 50–60 g Bärlauchblätter
- 200 g Ricottakäse
- 2 Esslöffel Semmelbrösel
- 50 g Parmesan
- Salz, Pfeffer, Muskat

Teig

- 300 g Mehl
- 3 Eier
- Salz
- 3 Esslöffel Öl
- 1 Esslöffel Milch
- 1 Eigelb zum Bestreichen
- Mehl zum Ausrollen

Teigzutaten gut durchkneten und abgedeckt 1/2 Stunde ruhen lassen. Für die Fülle Ricotta zerbröseln, Bärlauch sehr fein hacken, Parmesan frisch reiben. Alle Zutaten mit einer Gabel gut vermengen, mit Salz, Pfeffer und etwas Muskat abschmecken. Den Teig nochmals durchkneten und auf einem bemehlten Brett hauchdünn ausrollen. Mit einem Backrädchen Quadrate schneiden oder mit einem Glas Ringe ausstechen. Eigelb und Milch verquirlen. Die Ränder mit der Eigelb-Milch-Mischung bestreichen, jeweils ein Häufchen Fülle aufsetzen und gut zusammendrücken. Salzwasser mit etwas Olivenöl zum Kochen bringen und die Ravioli 3–5 Minuten kochen. Wenn sie aufsteigen, mit dem Schaumlöffel herausheben und warm stellen.

→ Lecker mit einer Weißweinsahne- oder Käsesahnesoße.

Bratlinge mit Kräutern

- 300 g gekochte Kartoffeln vom Vortag, gehobelt
- 1 Zucchini (200 g), fein gehobelt
- 6 Esslöffel Kräuter, gehackt, wahlweise: Dill, Borretsch, Estragon, Schnittlauch oder Schnittknoblauch, Zitronenmelisse, Ysop, wenig Bohnenkraut
- 2 Knoblauchzehen, zerdrückt
- 2 Eier
- 1 Esslöffel (Grünkern-)Mehl
- Semmelbrösel zum Panieren
- Sellerie- oder Kräutersalz
- Pfeffer
- Pflanzenöl zum Braten

Aus Gemüse, Kräutern, Eiern, Gewürzen und Mehl einen Teig herstellen,

mit Kräutersalz und Pfeffer würzen, gut durchmischen. Bratlinge (etwa 8 Stück) mit den Händen formen, nach Bedarf in Semmelbröseln wälzen. Von beiden Seiten in Öl hellbraun und knusprig braten.
→ Die Bratlinge können auch mit rohen Kartoffeln und einer geriebenen Mohrrübe hergestellt werden. Dann benötigt man einen weiteren Esslöffel Grünkernmehl.

Hamburger aus Bratlingen
Bratlinge auf jungem Löwenzahn, Borretsch, Basilikum oder Kresseblättern mit Zwiebelringen, Tomaten und Gurkenscheiben, Joghurt oder Kräutermayonnaise und Ketchup anrichten und auf Toast oder im Sesambrötchen servieren.

Gemüse-Kräuter-Puffer

(Foto unten)

- 1 kleine Zwiebel
- 2 Kartoffeln
- 2 kleine Zucchini
- 2 Mohrrüben
- 3–4 Esslöffel (Grünkern-)Mehl
- Frische Kräuter, fein gehackt: 1 Esslöffel Petersilie, je 1 Teelöffel Thymian, Majoran, Ysop oder Rucola, Liebstöckel, Schnittlauch, Zitronenmelisse
- 2 Knoblauchzehen, zerdrückt
- 1 Prise Peperoni
- Salz, Pfeffer, Muskat
- Evtl. Kumin und Korianderpulver
- Semmelbrösel zum Panieren
- Öl oder Butter zum Anbraten

Die Gemüse sehr fein in eine Schüssel hobeln. Eier, Grünkernmehl, Kräuter und Gewürze dazugeben. Kräftig zu einem lockeren Teig durchmengen und abschmecken. Bratlinge formen und in Butter oder Öl goldbraun braten. Mit Tzatziki oder Salat servieren.
→ Wie die Bratlinge im vorherigen Rezept gut geeignet für vegetarische Burger.

Kräuterquark mit Pellkartoffeln

- 8 Esslöffel gehackte frische Kräuter, wahlweise:
  Gartenkräuter: Schnittknoblauch, Petersilie, Dill, Gartenkresse, Kerbel, Liebstöckel, Pimpinelle, Bockshornklee oder
  Wildkräuter: Wiesenschnittlauch, Bärlauch, Knoblauchsrauke, Sauerampfer oder Sauerklee, Gundelrebe, Schafgarbe, Bibernelle
- 300 g Quark
- 150 g Joghurt
- 3 Esslöffel Sahne oder Wasser
- Salz, Pfeffer
- gemahlener (Wiesen-)Kümmel
- 2 Prisen Zucker
- einige Tropfen Sojasoße oder Balsamico-Essig
- 4 große oder 8 kleine Kartoffeln

Quark, Joghurt und Sahne oder Wasser mit dem Schneebesen gut cremig schlagen. Die Kräuter und Gewürze untermischen und abschmecken. Gemahlene Dillsamen können den Kümmel ersetzen. Die gekochten Pellkartoffeln mit zwei Gabeln aufbrechen und mit dem Kräuterquark großzügig füllen.
→ Ein herrlich leichtes Sommeressen. Der Quark schmeckt auch zu Folienkartoffeln oder Grillkartoffeln.

Kartoffel-Kräuter-Gratin

- 6 große Kartoffeln (etwa 800 g)
- 4–6 Esslöffel Trockenkräuter: Liebstöckel, Petersilie, Bohnenkraut, Quendel, Rosmarin, Ysop, wenig Estragon und Salbei oder Herbes de Provence, trocken oder frisch
- 2 Eier
- 200 g Milch oder Sahne
- Salz, Selleriesalz
- Pfeffer
- Butter

Kartoffeln schälen und in feine Scheiben hobeln. Kräuter mörsern. Eier und Milch mit etwas Salz verquirlen. Die Kartoffeln in eine gefettete Auflaufform schichten, nach jeder Schichtlage gut salzen und mit Kräutern bestreuen. Alles mit der Ei-Milch-Mischung übergießen, sodass die Flüssigkeit fast gleich hoch wie die Kartoffelschicht ist. Butterflöckchen draufsetzen und bei 200 °C etwa 40 Minuten backen. Sollte die Oberschicht zu dunkel werden, mit Alufolie abdecken. Nach Belieben kann man auch vor den Butterflöckchen die Oberschicht mit geriebenem Käse (Gruyère oder Emmentaler) bestreuen.
→ Ein leckeres vegetarisches Gericht oder als Beilage zu Fleisch.

Ofenkartoffeln, gekräutert

(Foto Seite 103)

- 6 große Kartoffeln
- 2 Esslöffel Butter
- Olivenöl
- 4 Zweige frischer Rosmarin
- einige Zweige frischer Majoran
- 1 Esslöffel getrockneter Thymian
- 1 Esslöffel Herbes de Provence
- Salz, Pfeffer

Die gesäuberten Kartoffeln längs halbieren und auf ein gefettetes Backblech legen. Die Oberfläche mit Olivenöl einölen und salzen, Trockenkräuter und frische Kräuterblätter

darauf verteilen. Butterflöckchen darauf setzen und im vorgeheizten Backofen bei 200 °C in etwa 15–20 Minuten goldgelb backen. Vor dem Servieren überpfeffern.
→ Diese Kartoffeln sind lecker mit Tsatsiki oder als Beilage zu gegrilltem Fleisch oder deftigem Braten.

Rosmarin-Kartoffelkuchen

(Foto unten)

Salzteig

(siehe Kräuterquiche Seite 104)

Belag

- 3 Esslöffel frischer Rosmarin oder 1 Esslöffel getrocknet und gehackt
- 1 Teelöffel frischer Oregano
- 1 Zwiebel in feinen Ringen
- 3 Kartoffeln, fein gehobelt
- Olivenöl
- Salz, Pfeffer
- 150 g Crème fraîche
- 150 g saure Sahne

Eine gefette Springform mit dem Teig auslegen, den Rand hochdrücken und den Teig mit Olivenöl bestreichen. Die Zwiebelringe und 100 g saure Sahne darauf verteilen. Erste Schicht: die Hälfte der Kartoffeln verteilen, salzen und mit der Hälfte Rosmarin und dem Oregano bestreuen, darauf 100 g Crème fraîche steichen. Zweite Schicht: restliche Kartoffeln verteilen und salzen. Letzte Schicht: restliche saure Sahne und Crème fraîche mit dem restlichen Rosmarin verteilen, salzen und pfeffern. Im vorgeheizten Backofen bei 200 °C 30–40 Minuten backen.
→ Nach Belieben kann das Gericht mit Zucchini, Paprika oder Tomaten erweitert werden. Als Kräuter passen auch Herbes de Provence.

DE
PROVE

Hauptgerichte mit Fleisch

Kräuter-Quiche

Salzteig

- 200 g Mehl
- 100 g Schmalz oder Butter
- 1 Ei
- 1–2 Esslöffel Wasser
- Salz

Belag

- 75 g (10 Esslöffel) gehackte frische Kräuter: Petersilie, Schnittlauch, Thymian/Quendel, Majoran/Dost, Ysop, Borretsch
- 2 Esslöffel Olivenöl
- 75 g Schinkenspeck, gewürfelt
- 3–4 Frühlingszwiebeln, klein geschnitten
- 1 Zucchini oder Möhre, geraspelt
- 50 g Emmentaler
- 2–3 Knoblauchzehen oder 3 Stängel Knoblauchsrauke, gehackt
- 1 Esslöffel Semmelbrösel bei Bedarf
- 100 g Crème fraîche
- 150 g saure Sahne
- Salz, Pfeffer, Muskat
- Öl

Für den Salzteig Schmalz oder Butter schaumig rühren. Nach und nach alle Zutaten dazugeben, bis der Teig nicht zu klebrig und verwendbar zum Ausrollen ist. Die gefettete Springform damit auslegen, den Rand hochdrücken. Für den Belag Schinkenspeck in Öl anbraten, Frühlingszwiebeln, Gemüse und Kräuter dazugeben. Vom Herd nehmen, saure Sahne, Crème fraîche und Semmelbrösel unterrühren und würzen. Den ausgelegten Teig mit der Masse bestreichen und mit dem gehobelten Emmentaler bestreuen. Im vorgeheizten Backofen bei 200 °C 25–35 Minuten backen.

Kaninchen Provencale

(Foto rechts)

- 1 Kaninchen oder Kaninchenrücken
- 2 Schalotten
- 3–4 Knoblauchzehen
- frische gehackte Kräuter: 2 Teelöffel Thymian, 2 Teelöffel Rosmarin, 1 Teelöffel Oregano, 1 Teelöffel Beifuß oder Lavendelblüten
- 1/4 l trockener Rotwein
- 100 g grüne und schwarze Oliven
- Salz, Pfeffer
- Olivenöl zum Braten

Kaninchen häuten, ganzes Kaninchen zerteilen, Kaninchenrücken am Stück lassen. Das Fleisch gut salzen und pfeffern. Olivenöl im Bräter erhitzen und das Fleisch darin rundherum kräftig anbraten. Geschälte Schalotten und Knoblauch in Stücke geschnitten zugeben, weiterbraten, Kräuter und Gewürze einstreuen. Mit Rotwein ablöschen. Im geschlossenen Topf 50–60 Minuten weiterschmoren, gelegentlich wenden oder begießen, notfalls etwas Wasser zugeben. Kurz vor Schluss die Oliven zugeben und abschmecken.

→ Dazu passen Kräutercouscous (siehe Seite 97) oder Kartoffeln.

Bärlauchrouladen

(Foto unten)

- 12–18 große Bärlauchblätter
- 400 g Hackfleisch
- 2 Brötchen oder Semmelmehl
- 1–2 Zwiebeln oder Stiele der Bärlauchblätter, klein gehackt
- 1/2 Bund Petersilie
- 1 Ei
- 1 Tomate, sehr klein geschnitten
- 1/2 l Gemüsebrühe
- Salz, Pfeffer
- Öl zum Anbraten

2/3 der Zwiebeln oder Bärlauchstiele anbraten, Hackfleisch und Petersilie dazugeben, salzen, pfeffern und etwa 3 Minuten braten. Herausnehmen und mit den restlichen Zwiebeln, den Tomatenwürfeln und der Gemüsebrühe in der Pfanne eine Soße bereiten. Das Hackfleisch mit 2 eingeweichten Brötchen und einem Ei gut durchkneten. Jeweils 3–4 Bärlauchblätter ohne Stiel überlappend legen, mit etwas Fleischteig füllen und aufrollen. Die Seiten dabei paketartig einschlagen und mit Zahnstocher oder Faden zusammenhalten. Die Rouladen in einer mit Pflanzenöl gefetteten Pfanne rundrum kurz anbraten. Die Soße dazugeben und mit geschlossenem Deckel etwa 10 Minuten weiterschmoren. Mit Kartoffeln oder Reis servieren.

Hühnerbrust im Kräutermantel

(Foto rechts)

- 2 Hühnerbrüste (doppelt), enthäutet
- 1/2 Zitrone, gepresst

- 2 Esslöffel Dijonsenf
- 1 Eigelb
- 3 Esslöffel Sahne
- Salz, Pfeffer (gemörsert oder grob gemahlen)
- frische Kräuter, fein gehackt
  je 2 Zweige Estragon oder Rosmarin, Petersilie, Kerbel, Thymian
  je 1 Zweig Zitronenmelisse und Liebstöckel
  oder 2 Esslöffel Herbes de Provence mit Kräutersalz
- 100 g Semmelbrösel
- etwas Mehl
- Öl zum Braten

Die Hühnerbrüste zerteilen, mit Zitronensaft beträufeln und mit Mehl bestäuben. Auf einem flachen Teller aus Eigelb, Senf und Sahne eine Masse rühren. Kräuter mit Semmelbröseln, Salz und Pfeffer vermischen. Die Hühnerbrüste zuerst in der Eimischung wenden, dann in der Kräutermischung, bis alles gut bedeckt ist. Im Kühlschrank einige Stunden oder über Nacht einwirken lassen. Öl in einer Pfanne erhitzen. Die Hühnerbrüste hineingeben und nach kurzer Zeit wenden, Temperatur verringern und von beiden Seiten etwa 10 Minuten weiterbraten. Bei zu hoher Hitze verbrennen die Kräuter.
→ Dazu passen neue Kartoffeln und Minzsoße (siehe Seite 109).

Spinatknödel
(Foto Seite 108)
- 250 g junge Spinatkräuter (siehe Seite 36)
- 1 Zwiebel oder 20 Bärlauchblätter, fein gehackt

- 1–2 Tassen Gemüsebrühe
- 10 g Butter
- 60 g Schinkenspeck
- 5 Brötchen
- 3 Eier
- 1/8 l Milch
- Semmelbrösel nach Bedarf
- 70 g Parmesan, gerieben
- Oregano
- Liebstöckel
- Salz, Pfeffer, Muskat
- 50 g Butter
- 70 g Parmesan, gehobelt

Die gehackte Zwiebel oder Bärlauchblätter mit dem gewürfelten Schinkenspeck in der Butter kurz anbraten. Gehackte Spinatkräuter mit Brühe zugeben und etwa 10–15 Minuten dünsten. Brötchen zerkleinern und in den verquirlten Eiern einweichen, mit Salz, Pfeffer und Muskat würzen. Eingeweichte Brötchen mit Spinat, geriebenem Parmesan, Oregano und Lieb-

ROSTFREI
8270
15

stöckelblättern gut verkneten zu einem festen Kloßteig. Sollte der Teig zu weich sein, Semmelbrösel einarbeiten. Mit nassen Händen Klöße formen und in siedendem Salzwasser 8–10 Minuten garen. Wenn die Klöße oben schwimmen, mit einem Schaumlöffel vorsichtig herausheben. Vor dem Servieren zerlassene Butter und gehobelten Parmesan darüber geben.
→ Als Beilage oder solo ein leckeres Gericht. Statt Bärlauch kann auch Knoblauchsrauke verwendet werden.

Spieß mit Salbei

- 400 g Grillfleisch in Würfeln vom Kalb, Schwein, Lamm, Geflügel für 8 Spieße
- 40 Blätter Salbei, 5 pro Spieß
- 1 Zucchini
- 2 Fleischtomaten oder 16 Kirschtomaten
- 24 Oliven
- 8 Knoblauchzehen
- Olivenöl
- Kräutersalz, Pfeffer, Paprika

Zucchini und Fleischtomaten grob würfeln. Fleischwürfel mit je einem Salbeiblatt umlegen, im Wechsel mit Zucchini, Oliven, Tomaten und Knoblauch aufspießen. Die aufgereihten Spieße leicht einölen und würzen. Auf dem Grill knusprig garen. Ab und zu wenden.
→ Dazu passen Tsatsiki oder andere Kräutersoßen.

Lamm mit Minzsoße

- 8 Lammkoteletts

Marinade

- Saft von 2 Orangen
- etwas abgeriebene Orangenschale
- 1 Zweig Rosmarin oder Lavendel
- 1 Zweig Oregano
- 2 Zweige Thymian
- einige Spritzer Tabasco
- 1/8 l Olivenöl
- Salz, Pfeffer

Minzsoße

- fein gehackte Blätter von 2–3 Minzzweigen
- 3 Esslöffel Zucker
- 1 Esslöffel Salz
- 1–2 Tassen Rotweinessig
- 1 Tasse Wasser

Die Lammkoteletts abtupfen, Fettränder mehrmals einschneiden. Die Zutaten der Marinade gut vermengen und das Fleisch zugedeckt mindestens 12 Stunden im Kühlschrank marinieren. Für die Minzsoße alle Zutaten gut verrühren, bis sich Zucker und Salz aufgelöst haben. Die Lammkoteletts aus der Marinade nehmen, abtupfen, mit Olivenöl bestreichen, salzen und pfeffern. Auf dem gut angeheizten Grill die Koteletts von jeder Seite 3–4 Minuten grillen und mit der Minzsoße servieren.

Schweinebraten Toscana im Römertopf

(Foto Seite 110)

- 1 kg magerer Schweinebraten
- Frische Kräuterblätter:
  4 Zweige Rosmarin, 1 Zweig Ysop

oder Bohnenkraut, 1 Zweig Majoran, 3 Salbeiblätter, 1/2 Teelöffel Beifuß
- 1 Lorbeerblatt
- 2 Knoblauchzehen
- 1 Esslöffel Nusskerne
- 1 Tomate
- einige Fenchelsamen, gemörsert
- Salz, Pfeffer
- 1 Teelöffel Senf
- 2 Esslöffel Olivenöl
- 1/4 l Weißwein
- 500 g Kartoffeln
- 1 Bund Lauchzwiebeln, grob geschnitten

Die Hälfte der Rosmarinnadeln, die geschälte Knoblauchzehe, alle Kräuter, Tomate und Nusskerne hacken. Fenchelsamen, Salz und Pfeffer mit dem Olivenöl und den Kräutern zu einer Paste rühren. Braten auf der Oberseite mehrmals diagonal etwa 1 cm tief einschneiden (dabei nicht über den Rand hinausschneiden, es sollen Taschen sein). In die Einschnitte die Kräuterpaste gut einstreichen. Den letzten Rosmarinzweig auf das Fleisch legen und alles mit Küchengarn zusammenbinden. Den Braten in den gewässerten Römertopf geben, die Hälfte der Lauchzwiebeln und das Lorbeerblatt dazu geben und den Weißwein angießen. Den geschlossenen Römertopf in den Backofen geben und auf 200 °C hochheizen. Kartoffeln in Stücke schneiden und nach 30 Minuten mit den restlichen Lauchzwiebeln zugeben. Weitere 10 Minuten mit geschlossenem Deckel garen. Danach ohne Deckel 15–20 Minuten weitergaren, so bekommt der Braten eine Kruste.

→ Zusätzlich zu den Lauchzwiebeln kann auch noch anderes Gemüse mitgeschmort werden. Gut zu Schweinebraten passen Möhren, Blumenkohl oder Brokkoli.

Spaghetti mit Lachs (1 Portion)

ca. 540 Kcal | 14 g Fett

⅛ l Fischfond oder Gemüsebrühe, 1 TL Weißweinessig, 2 Knoblauchzehen, 2 EL Frischkäse (4 % Fett), Salz, Pfeffer, 75 g Hartweizen-Spaghetti, 120 g Lachsfilet (frisch oder TK), 1 TL Olivenöl, 80 g Zucchini, 4 Thymianstängel, ½ Bio-Zitrone

Fischfond, Essig, zerdrückten Knoblauch, Frischkäse, Salz und Pfeffer verrühren. Nudeln nach Packungsanweisung in Salzwasser kochen. Lachsfilet in Stücke schneiden, in Öl kurz anbraten. Herausnehmen. Zucchinischeiben, Thymianblättchen und angerührten Fond in die Pfanne geben. Etwa 3 Minuten offen einkochen lassen. Etwas abgeriebene Zitronenschale, Lachs und abgetropfte Nudeln zufügen. Mit Salz, Pfeffer und Zitronensaft abschmecken.

Fischtopf mit Gemüse (1 Portion)

ca. 455 Kcal | 9 g Fett

150 g Rotbarschfilet, 1 Bio-Zitrone, Salz, 100 g Brokkoli (frisch oder TK), 2 kleine Tomaten, 2 Lauchzwiebeln, 20 g Joghurt-Butter, 150 ml Fischfond, 1 Vollkorntoast, 3 eingelegte Peperoni (Glas), 2 Knoblauchzehen, ¼ TL Kumin (Kreuzkümmel)

Fisch mit etwas Zitronensaft beträufeln und salzen. Brokkoliröschen, Tomatenviertel, 2 Zitronenscheiben und Fischfilet in eine ofenfeste Form mit Deckel geben. Mit gehackten Lauchzwiebeln bestreuen, mit Butterflöckchen belegen. Fischfond zugießen. Im vorgeheizten Backofen bei 200 Grad, Umluft 180 Grad, Gas Stufe 4 etwa 25 Minuten garen. Toast in kaltem Wasser einweichen, ausdrücken, mit heißem Fischfond aus der Form, fein gehackter Peperoni und zerdrücktem Knoblauch pürieren. Mit Kumin, Salz und Zitrone abschmecken und zum Fisch anrichten.

DAZU: 150 g Pellkartoffeln.

MITTAGS

Spaghetti mit Lachs

Brigitte

MITTAGS

Fischtopf mit Gemüse

Brigitte

Hauptgerichte mit Fisch

Dill-Rahm-Matjes

- 4 Matjes-Doppelfilets
- 400 g saure Sahne
- 200 g Naturjoghurt
- 1 Zwiebel in dünnen Ringen
- 1 Apfel in dünnen Scheiben
- 1 Teelöffel Kapern
- 1 Teelöffel Weinessig
- 6 Zweige Dill, geschnitten
- 1 Zweig Zitronenmelisse, gehackt
- Salz, Pfeffer

Die Matjesfilets auf einzelne Teller legen oder alle auf eine Platte. Aus den Zutaten eine cremige Soße rühren und diese über die Matjes geben. Mit einigen Dillzweigen und Kapern garnieren.
→ Konservierte Matjesfilets müssen meistens zuvor gewässert werden.

Fischauflauf mit Kräutern

(Foto rechts)

- 400 g Seelachsfilet
- 5 Esslöffel frische Kräuter, gehackt: Dill, Schnittlauch, Kerbel oder Petersilie, Pimpinelle, Fenchelkraut, Schwarznessel oder Zitronenmelisse
- 1 Zwiebel
- 2 Tomaten
- 1/2 Paprika
- 1 mittelgroße Gartengurke
- 2 Becher saure Sahne
- 2 Becher Joghurt
- 1/2 kleine Peperoni
- Salz, Pfeffer
- Zitronensaft

Das Gemüse in feine Streifen oder Scheiben schneiden. In einer leicht gefetteten, feuerfesten Form (mit Deckel) einen Becher Joghurt verteilen. Die Hälfte des Fischfilets darauf geben und mit Zitrone beträufeln. Die Hälfte des Gemüses mit einem Drittel der Kräuter darauf verteilen und mit Salz und Pfeffer würzen. 1 Becher saure Sahne mit dem zweiten Joghurt mischen und darüber geben. Den restlichen Fisch darauf verteilen. Das restliche Gemüse mit dem zweiten Drittel der Kräuter über den Fisch geben und würzen. Den zweiten Becher saure Sahne darauf verstreichen und mit den letzten Kräutern bestreuen. Mit geschlossenem Deckel bei 200 °C 20–30 Minuten im Backofen garen. Nach 15 Minuten den Deckel abnehmen, um den Aulauf zu gratinieren.
→ Dazu passen Reis oder Kartoffeln.

Spaghetti mit Lachs und Kresse à la Mama

(Foto rechts)

- 350 g Spaghetti
- 200 g Räucherlachs
- 200 g Brunnenkresse
- 2 Schalotten, fein gehackt
- 1 Esslöffel Butter
- 125 g Schmand
- 1 Becher saure Sahne
- 1 Esslöffel Dijonsenf
- abgeriebene Orangenschale
- einige Spritzer Orangensaft
- Salz, schwarzer Pfeffer

Schalotten in der Butter andünsten, Schmand und saure Sahne einrühren und weiterköcheln. Mit Senf, Salz, Pfeffer, Orangenschalen und -saft abschmecken und auf kleiner Flamme köcheln lassen. Den Lachs grob zerteilen. Kresse waschen und grob hacken. Spaghetti al dente kochen, sofort mit der Sahne-Orangencreme mischen. Auf vorgewärmte Teller geben, Lachs und Kresse darauf verteilen, mit Pfeffer aus der Mühle abpfeffern und sofort servieren.

Lachssteak in Dillsoße

- 4 Lachssteaks
- 50 g Dill, fein geschnitten
- 3 Frühlingszwiebeln, fein gehackt ohne Grün
- 40 g Butter
- 1/4 l Weißwein (nicht zu trocken)
- 1/8 l Sahne
- 1/8 l Fischsud oder -brühe
- 100 g Crème fraîche
- Salz, Pfeffer
- Öl zum Anbraten

Die Lachssteaks leicht salzen und pfeffern und in heißem Öl von jeder Seite 2–3 Minuten anbraten. Herausnehmen und warm stellen. In der Pfanne die Butter zerlassen und die Frühlingszwiebeln andünsten, mit Sahne und Weißwein ablöschen und 10 Minuten einköcheln. Fischsud und Dill zugeben, mit Salz und Pfeffer abschmecken. Zuletzt die Crème fraîche unterrühren. Die Lachssteaks nochmals kurz in die Soße geben und dann auf vorgewärmten Tellern servieren.

→ Servieren mit Kartoffeln, Reis oder Bandnudeln.

Seezunge in Estragonsoße

- 500 g Seezungen-Filet
- 3 Esslöffel Öl oder Butter
- 1/2 Tasse Weißwein
- 1/4 l Sahne oder Crème fraîche
- 4–6 Zweige frischer Estragon
- 1 Teelöffel frischer Ingwer, gepresst
- Salz, Pfeffer, Zitrone

Die Fischfilets mit Zitrone beträufeln und mit Salz und Pfeffer würzen. Von beiden Seiten kurz anbraten, aus der Pfanne nehmen und warm stellen. Die gehackten Estragonblätter kurz in derselben Pfanne anschmoren, mit Weißwein ablöschen, Ingwer zugeben und etwas einköcheln. Die Sahne zugeben und nach kurzem Köcheln mit dem Fisch servieren. Mit Pfeffer aus der Mühle kurz abpfeffern.

→ Die Estragonsoße ist auch sehr lecker zu Geflügel.

Zander, gekräutert

(Foto oben)

- 4 Zanderfilets (700–800 g)
- 1 Bund Petersilie
- 1 Bund Dill
- 1 kleiner Bund Kerbel
- 1 kleiner Bund Estragon
- 1 Knoblauchzehe
- Salz, weißer Pfeffer
- Saft einer Zitrone
- 6 Esslöffel Butter
-

Zanderfilets abwaschen und trockentupfen. Die Filets auf eine Platte legen und mit den grob geschnittenen Kräutern belegen. Knoblauchzehe mit Salz zerdrücken und mit Salz und Pfeffer auf den Kräutern verteilen. Mit Zitronensaft beträufeln und mit Alufolie abdecken. Mit einer zweiten Platte beschweren und im Kühlschrank mindestens 12 Stunden durchziehen lassen. 4 Esslöffel Butter in einer großen Pfanne erhitzen und die Filets darin auf beiden Seiten je 3 Minuten anbraten. Aus der Pfanne nehmen und in eine feuerfeste Form legen. Die restliche Butter als Flöckchen darauf verteilen und im vorgeheizten Backofen bei 200 °C noch 10–15 Minuten backen. Mit Reis und Salat servieren.
→ Dieses Rezept eignet sich auch für Lamm, Geflügel und Schweinefleisch.

Makrele mit Kräutern

- 4 junge Makrelen
- Je 4 Zweige frische Kräuter: Zitronenthymian, Majoran, Quendel, Petersilie, Zitronenmelisse
- 4 Knoblauchzehen in Streifen
- Olivenöl

Die geöffneten, ausgenommenen Makrelen mit je einem Kräuterzweig und Knoblauch füllen. Fest hineindrücken, notfalls mit einem Zahnstocher oder Küchengarn fixieren. Die Fische einölen und auf dem Grill garen.
→ Dazu passen Minzsoße, Mojo, Kräuter-Aioli, Joghurtsoße, Mayonnaise und weitere Grüne Soßen.

Kalte Soßen

Pesto und andere Grüne Soßen sind ein weites Feld mediterranen Ursprungs. Es gibt unzählige Rezepte auf der Basis von Basilikum mit Pinienkernen, Olivenöl, Salz und Knoblauch. Aber auch andere Kräuter wie Bärlauch, Rucola und Petersilie sowie die Kerne von Walnüssen, Erdnüssen, Mandeln und Sonnenblumen sind bestens geeignet. Anstelle von Nüssen können auch gut Kräcker oder Semmelbrösel verwendet werden.
Andere Pflanzenöle wie Erdnuss-, Walnuss-, Sesam-, Distel-, Sonnenblumen- und Sojaöl sind dezenter im Geschmack und die Kräuter kommen besser zur Geltung. Wichtig ist, dass alles gut vermixt wird zu einer glatten grünen Soße. Salz, Pfeffer, Essig oder Zitrone machen das Aroma rund.
Wer Parmesan oder Pecorino untermischen will, solllte das erst kurz vor dem Verzehr tun. Der Käse kann den Geschmack und die Haltbarkeit negativ beeinflussen. Pesto sollte stets mit einer Schicht Öl bedeckt werden und hält gekühlt einige Wochen. Trotzdem empfiehlt sich die Herstellung von nur kleinen Mengen, da es frisch am besten schmeckt und schnell zubereitet ist. Pesto passt gut zu Pasta, Fleisch, Fisch, Reis, Couscous und Weißbrot (Crostini).

Bärlauchpesto

- 80 g Bärlauchblätter
- 6 Esslöffel Nusskerne
- 8 Esslöffel Erdnuss- oder Pflanzenöl
- 1–2 Esslöffel Balsamico-Essig
- Salz, Pfeffer

Die frischen, sauberen Bärlauchblätter sehr fein hacken. Alle Zutaten mit dem Mixstab sehr fein pürieren.
→ Dieses Pesto kann ebenso mit **Rucola** oder **Basilikum** und Knoblauch hergestellt werden (**Pesto genovese**). Es kann auch mit getrockneten oder eingelegten Tomaten angereichert werden (**Pesto rosso**).

Salsa verde (Foto Seite 117)

- 100 g Basilikum oder glatte Petersilie
- 2 Knoblauchzehen
- 2 Esslöffel schwarze Oliven
- 1 Esslöffel Essig oder Zitrone
- 30 g Pinienkerne
- 3 Sardellenfilets
- 7 Esslöffel Olivenöl
- 1 Teelöffel Senf
- Pfeffer

Die Kräuter waschen und sehr fein hacken. Oliven, Sardellenfilets und

Pinienkerne zerkleinern. Alle Zutaten mit dem Pürierstab fein pürieren.
→ Passt zu Roastbeef, allen Fischarten und Brot.

Sauce verte

- 8 Esslöffel frische Kräuter: Löwenzahn, Estragon oder Rosmarin, Schnittlauch, Petersilie, Thymian, Portulak
- 2 hart gekochte Eier
- 2 Knoblauchzehen
- 1 Teelöffel Dijon-Senf
- 3 Esslöffel Olivenöl
- 3 Esslöffel Pflanzenöl
- Sellerie- oder Meersalz
- Pfeffer
- 1 Teelöffel Kräuteressig oder Zitrone

Kräuter sehr fein hacken. Knoblauch zerdrücken, die hart gekochten Eier hacken und alle Zutaten mit Gabel oder Schneebesen gut vermischen. Mit Salz, Pfeffer und Essig oder Zitrone abschmecken.
→ Passt gut zu Fisch.

Mojo

- je 3 Esslöffel frische Petersilie und frisches Koriandergrün
- 2 Teelöffel grüner Pfeffer
- 20 g Erdnusskerne
- 5 Esslöffel Olivenöl
- 1 Esslöffel Essig
- Salz
- 2 Prisen Cumin, gemahlen

Kräuter und Nusskerne hacken, grünen Pfeffer zerdrücken und alle Zutaten gut mit dem Pürierstab mixen. Mit Salz und Cumin abschmecken.
→ Zu Meerestieren, Fisch und Lamm vom Grill.

Frankfurter Grüne Soße

- 100 g frische Kräuter, z. B. Brunnenkresse, Borretsch, Estragon, Kerbel, Dill, Petersilie, Pimpinelle, Schnittlauch, Sauerampfer, frischer Majoran

Es gibt sehr viele verschiedene Kräutermischungen für die berühmte Frankfurter Soße. Es sollten mindestens 7

Kräuter sein und nicht fehlen dürfen Petersilie, Pimpinelle, Estragon und Schnittlauch.

- 2 Esslöffel Kapern (auch aus Blütenknospen, siehe Seite 129)
- 1 Teelöffel Senf
- 3 harte Eigelb
- 3 Esslöffel Sonnenblumen- oder Walnussöl
- 2 Esslöffel Kräuter- oder Weinessig
- 3 Esslöffel saure Sahne
- 3 Esslöffel Quark
- Salz
- Pfeffer
- 2 Prisen Zucker

Kräuter waschen und sehr fein hacken. Kapern und Eigelbe zerkleinern, mit allen Zutaten gut vermengen.
→ Zu Kartoffeln, Fisch oder gekochtem Fleisch.

Pasten aus Kräutern sind ein Hochgenuss auf Crostini und Brot, gleichzeitig auch **Ersatz für Butter, Wurst und Käse**. Sie werden ebenso im Mixer oder mit dem Mixstab hergestellt wie Pesto. Die Grundlage bieten in Salzwasser weich gekochte Hülsenfrüchte wie Soja, rote Linsen und Kichererbsen (Hummus). Die Geschmeidigkeit wird bestimmt durch Verwendung von mehr oder weniger Öl.

Bärlauchpaste

- 50 g Sojabohnen, über Nacht eingeweicht und gar gekocht
- 30–40 g Bärlauchblätter, gehackt
- 7–8 Esslöffel Sesamöl
- 1 Esslöffel Apfelessig
- Salz, Pfeffer

Alle Zutaten mit dem Mixstab nach Geschmack mehr oder weniger fein pürieren.

Petersilie-Basilikum-Paste

- 50 g Sojabohnen, über Nacht eingeweicht und gar gekocht
- 20 g Petersilie, gehackt

- 20 g Basilikum, gehackt
- 7–8 Esslöffel Erdnussöl
- 1 Esslöffel Balsamico-Essig
- Salz
- 1 Teelöffel rote Pfefferkörner

Alle Zutaten mit dem Mixstab fein pürieren.

Rucolapaste (Foto Seite 116)

- 50 g rote Linsen, gar gekocht
- 30–40 g Rucolablätter, geschnitten
- 5 Esslöffel Sesam- oder Distelöl
- 1 Esslöffel Balsamico-Essig
- wenig Salz

Alle Zutaten mit dem Mixstab fein pürieren.

Hummus mit Kräutern

- 100 g Kichererbsen
- 1/2 kleine Peperoni
- 2 Knoblauchzehen, mit Salz zerdrückt
- 4 Esslöffel Oliven- oder Walnussöl
- 4 Esslöffel Sonnenblumenöl
- 1 Esslöffel Zitronensaft oder Essig
- 4 Esslöffel Kräuter: Bärlauch, Knoblauchsrauke, Petersilie, Schnittlauch
- Salz, Pfeffer

Kichererbsen über Nacht in Wasser einweichen lassen und 20 Minuten in Salzwasser gar kochen. Mit Öl, den gehackten Kräutern, Knoblauch und Peperoni zu einer mehr oder weniger feinen, homogenen Masse pürieren. Mit Zitronensaft, Pfeffer und Salz abschmecken.

→ Trockenkräuter können gleich mitgekocht werden.

Mayonnaise erhält ihr Volumen durch das Emulgieren von Ei und Öl. Sie wird mit Würzzutaten verfeinert zu Remouladesoße, Sauce tartare oder zu spezieller Kräuter-Mayonnaise mit Dill (Foto Seite 117), Kresse, Sauerampfer und weiteren Kräutern.

Grundrezept Mayonnaise

(Fotos Seite 119)

Mayonnaise gelingt am besten mit dem Mixstab bei hoher Umdrehungszahl. Dabei kann man sogar das Eiweiß mitverwenden.

Für 250 g Mayonnaise:

- 1 rohes Ei oder Eigelb
- 1 Esslöffel Weinessig
- 3 Prisen Salz
- 1 Prise Zucker
- 1 Teelöffel Senf
- 1 Spritzer Flüssigwürze
- 1/2 Teelöffel Liebstöckelpulver
- 230 g Sonnenblumenöl

Alle Zutaten (zimmerwarm) in ein enges Gefäß (Mixbecher) füllen. Den Mixstab auf den Grund des Gefäßes stellen und einschalten. In eingeschaltetem Zustand den Mixstab langsam nach oben bewegen und die Mayonnaise hochziehen.

Kräuter-Mayo mit Bärlauch

- 250 g Mayonnaise
- 50 g frische Kräuter: Bärlauch, Petersilie, Schnittlauch

Die Kräuter sehr fein hacken oder mit dem Mixstab fein zerkleinern. Die fein zerhackten Kräuter mit der Mayonnaise vermengen.

Remoulade

- 250 g Mayonnaise
- 50 g frische Kräuter: Dill, Petersilie, Schnittlauch, Portulak
- 1 Esslöffel Kapern
- 1 Teelöffel süßer Senf
- 1 kleine gehackte Gewürzgurke nach Belieben

Die Kräuter und die Kapern sehr fein hacken und mit dem Senf und der Gurke in die Mayonnaise einrühren.
→ Auch sehr delikat mit Sauerampfer, Sauerklee und Kerbel anstelle von Dill und Petersilie.

Cremes sind sehr dickflüssige Soßen und Dips, die Sahne, saure Sahne, Schmand, Crème fraîche, oft auch vermischt mit Joghurt und Quark, als Volumenträger beinhalten.

Wiesenkräutercreme

- 1–2 Esslöffel Wiesenschaumkrautblätter
- 2 Esslöffel Kresse
- 2 Esslöffel junger Sauerampfer
- 1/2 geraspelter Apfel
- 3 Teelöffel Obstessig
- 2 Esslöffel Naturjoghurt
- 2 Esslöffel Mayonnaise
- 150 g geschlagene Sahne
- Salz, Pfeffer

Die fein gehackten Kräuter mit dem geraspelten Apfel, Salz, Pfeffer und Obstessig verrühren. Dann mit Joghurt, Mayonnaise und geschlagener Sahne vermengen.
→ Zu geräuchertem Fisch oder als Kräuter-Dip.

Champignon-Kräuter-Creme

- 2–3 mittelgroße Champignons
- Frische Kräuter, klein geschnitten:
  2 Esslöffel Petersilie,
  1 Esslöffel Basilikum,
  1 Teelöffel Dill
- 2 Esslöffel Pflanzenöl
- 3 Prisen Salz
- 2 Prisen Zucker
- einige Tropfen Zitronensaft
- 1/8 Avocado in Stücken

Champignons, Avocado, Kräuter, Gewürze und Öl mit dem Pürierstab zu einer Creme pürieren. Nach Bedarf nachwürzen und nochmals mixen.
→ Ein guter Brotaufstrich für Crostinis oder als Dip. Immer kleine Mengen frisch herstellen.

Kräuter-Joghurt-Sauce

- 400 g Joghurt
- 4–6 Esslöffel frische gehackte Kräuter: Oregano, Ysop, Dill, Minze, Portulak, Kresse, Zitronenmelisse
- 2 Knoblauchzehen
- 2 Esslöffel Tomatenmark
- Salz

Die fein gehackten Knoblauchzehen mit Salz bestreuen und mit der Gabel zerdrücken. Die sehr fein gehackten Kräuter mit Tomatenmark, Knoblauch und Joghurt gut vermengen. Die Soße gekühlt servieren.
→ Diese Soße passt sehr gut zu kaltem oder warmem Sommergemüse wie Auberginen, Zucchini, Ratatouille oder auch zu Krabben.

Weitere kalte Soßen...

- Bärlauch-Aioli siehe Avocado, Seite 84
- Estragon-Kräuter-Dip siehe Artischocken, Seite 81
- Avocado-Kräuter-Creme siehe gefüllte Tomaten, Seite 84
- Kräuter-Mousse siehe Räucherfisch, Seite 86
- Minzsoße siehe Lamm, Seite 109

Warme Soßen

Petersilienschaum

- 1 Bund Petersilie
- 140 g Butter
- 200 g Wasser
- Salz

Butter und Wasser aufkochen. Grob gehackte Petersilie hineingeben und sehr kurz mitkochen. Alles mit dem Pürierstab oder im Mixer pürieren und vorsichtig mit Salz würzen.
→ Passt gut zu gekochten Kartoffeln und zu gedämpftem Fisch.

Sauce Béarnaise

(Foto unten)

- 3 Esslöffel fein gehackte, frische Kräuter: Estragon, Kerbel, Petersilie, Pimpinelle
- 1 kleine Schalotte, sehr fein gehackt
- 1 Esslöffel Butter
- 3 Eigelb
- 3–4 Esslöffel Spargelsud oder Gemüsebrühe
- 2 Esslöffel Weißwein- oder Estragon-Essig
- einige Tropfen Zitronensaft
- Worcestersoße
- Salz, Pfeffer

Die Schalotte in der zerlassenen Butter kurz andünsten. Die Eigelbe mit dem Schneebesen schaumig rühren, dann mit Weißwein, Pfeffer, Zitrone und Sud oder Brühe über dem Wasserbad (65 °C) aufschlagen. Die Butter mit der Zwiebel nach und nach hinzufügen. Die cremige Masse unter Beigabe der Kräuter und Gewürze weiter-

schlagen. Abschmecken. Obwohl Estragon und Kerbel den Charakter der Sauce Béarnaise bestimmen, soll sie abgerundet und fein würzig-mild, aber kaum säuerlich-scharf sein.
→ Schmeckt hervorragend zu Spargel und hellen Gemüsen, Artischocken, Fisch und hellem Fleisch.

Sauerampfersoße

- 60–80 g Sauerampfer
- 1/2 l Bouillon
- 4 Esslöffel Weißwein
- 1/2 l süße Sahne
- 1 Eigelb

Bouillon, Weißwein und Sahne aufkochen und bei niedriger Hitze 8–10 Minuten reduzieren. Den sehr fein gehackten Sauerampfer dazugeben und nach 3 Minuten mit dem Pürierstab pürieren. Zuletzt das Eigelb unterziehen. Wenn die Soße sämiger sein soll, kann nach Bedarf 1 Esslöffel Mehlbutter eingerührt werden.
→ Passt zu Hopfensprossen, Spargel oder Fisch.

Kapernsoße mit Dill

- 50 g frische Dillblättchen
- 1 Stängel Liebstöckelblätter, fein gehackt
- 20–30 g Butter
- 2–3 Esslöffel (Grünkern-)Mehl
- 1/2 l Wasser
- 1 Teelöffel Dijonsenf
- 2 Esslöffel Kapern (siehe Seite 129)
- 50 g Sahne
- 1 Eigelb
- etwas Zitrone
- Salz, Pfeffer
- evtl. Weißwein

Aus Butter, Mehl und Wasser eine Béchamelsoße herstellen. Kräuter, Senf und Kapern zugeben, 3–5 Minuten mitköcheln und würzen. Sahne und Eigelb verrühren und langsam unterziehen. Zuletzt nach Belieben mit einem Schuss Weißwein abschmecken.
→ Leckere Soße zu Fisch und Kräuterklößen.

Weitere warme Soßen...

- Estragonsoße siehe Artischocken, Seite 82
- Estragonsoße siehe Seezunge, Seite 112
- Dillsoße siehe Lachssteak, Seite 112

Kräuterbutter

Sauerampferbutter

- 2 Esslöffel junge gehackte Sauerampferblätter
- 50 g Butter
- etwas Zitronensaft
- Salz

Sauerampferblätter ohne Stiele sehr fein hacken oder wiegen. Mit 1–2 Prisen Salz bestreuen, nochmals hacken und mit einer Gabel gut zerdrücken. Mit einigen Tropfen Zitronensaft beträufeln und mit der zimmerwarmen Butter mit einer Gabel sehr gut vermengen. Im Kühlschrank fest werden lassen. Ähnlich lange haltbar wie Butter.
→ Zu Fisch oder Spargel.

Salbeibutter

- 1 1/2 Esslöffel junge gehackte Salbeiblätter
- 50 g Butter
- Salz

Salbeiblätter ohne Stiele sehr fein hacken oder wiegen und mit der zimmerwarmen Butter mit einer Gabel sehr gut vermengen. Mit 2–3 Prisen Salz abschmecken, durchmengen und im Kühlschrank fest werden lassen.
→ Zu Pellkartoffeln oder Bauernbrot.

Schnittlauchbutter

- 2 Esslöffel Schnittlauch, gehackt
- 50 g Butter
- Salz oder Kräutersalz

Schnittlauch in sehr feine Röllchen schneiden, mit etwas Salz und der zimmerwarmen Butter mit einer Gabel sehr gut vermengen. Anschließend im Kühlschrank fest werden lassen.
→ Zu Lamm- , Kalb- und Putenfleisch oder Leberschnitten.

Bärlauchbutter

- 1 1/2 Esslöffel gehackte Bärlauchblätter
- 50 g Butter
- Salz, Pfeffer
- 1 Teelöffel Olivenöl

Bärlauchblätter sehr fein hacken, mit 2 Prisen Salz bestreuen, nochmals hacken oder wiegen und mit einer Gabel gut zerdrücken. Diesen Kräuterbrei mit Pfeffer, Öl und der zimmerwarmen Butter mit einer Gabel gut vermengen. Anschließend im Kühlschrank fest werden lassen.
→ Vielseitig verwendbar; zu gebratenem Fleisch und Fisch, Kartoffeln und Baguette.

Estragonbutter mit Kapern

- 50 g Butter
- 1/2 Bund Estragon
- 1 Stängel glatte Petersilie
- 1 Esslöffel Kapern (siehe Seite 129)
- etwas Zitronensaft
- einige Tropfen Worcestersoße
- Salz

Die Butter zerlassen, gehackten Estragon und Kapern zugeben. Mit der Gabel vermengen und mit Salz, Worcestersoße und Zitronensaft abschmecken. Erkalten lassen. Hält im Kühlschrank ähnlich lang wie Butter.
→ Passt gut zu gegrilltem und gebratenem Fisch, auch zu Geflügel.

Sauerkleebutter

- 2 Esslöffel Sauerklee
- 1 Esslöffel Petersilie
- 50 g Butter
- Salz

Die Butter zerlassen. Kräuter sehr fein wiegen, mit der warmen Butter vermengen und salzen. Erkalten lassen.
→ Passt gut zu Fisch.

Kräuterbutter

(Foto oben)

- 100 g Butter
- 7 Esslöffel frische, sehr fein gehackte Kräuter, wahlweise:
  Bärlauch oder Knoblauchsrauke, Schnittlauch oder Schnittknoblauch, Petersilie oder Giersch, Dill oder Fenchelkraut, Estragon, Pimpinelle, Zitronenmelisse oder Minze, Borretsch, Bohnenkraut, Ysop, Thymian/Quendel, Oregano/Dost
- 3–4 Knoblauchzehen
- etwas Curry
- etwas Paprikapulver
- Salz, Pfeffer

Die Knoblauchzehen mit Salz zerdrücken und alle Zutaten mit einer Gabel gut vermengen.
→ Ersetzt Brotaufstrich, passt gut zu Steaks, Fisch und Weinbergschnecken. Gelingt auch mit gemörserten oder pulverisierten Trockenkräutern.

Desserts

Sorbet mit Kräutern

- 2 Esslöffel sehr fein gehackte Kräuter: Zitronenmelisse, Minze, Waldmeister und Mädesüßblüten
- 2 Eiweiß
- 4 Esslöffel Zucker
- Abgeriebene Schale von 1 Zitrone
- 80 ml Wasser oder Weißwein
- 1 Blatt weiße Gelatine

Wasser oder Weißwein mit dem Zucker kurz aufkochen lassen. Die eingeweichte, ausgedrückte Gelatine, Zitronenschale und Kräuter unterrühren und erkalten lassen. Eiweiße mit 1 Esslöffel Wasser sehr steif schlagen. Den Eischnee vorsichtig unter die halb erkaltete Masse (eine Gabel muss beim Durchziehen Spuren hinterlassen) heben. In Dessertgläser füllen und im Kühlschrank (nicht in der Tiefkühltruhe) erkalten lassen. Mit Erdbeeren, Kompott oder Maraschino servieren, garniert mit einigen Kräuterblättchen.

Minze-Vanillecreme mit Kräuterblüten

(Foto unten)

- 3 Zweige Minze
- 2 Zweige Zitronenmelisse
- 300 g Sahne
- 200 g Wasser
- 1/8 l Weißwein
- Mark von 2 Vanilleschoten
- 3 Esslöffel Zucker
- abgeriebene Schale von 1 Zitrone
- 4 Blatt weiße Gelatine
- 1 Esslöffel Kräuterblüten

Gelatine in kaltem Wasser einweichen. Die Minze- und Melissenzweige mit Vanillemark und Zitronenschale in Sahne und Wasser aufkochen und kurz ziehen lassen. Zweige herausnehmen,

Zucker und Weißwein hineingeben und die ausgedrückte Gelatine einrühren. Auf Dessertschalen verteilen und erkalten lassen. Mit Thymian-, Majoran- oder anderen Kräuterblüten garnieren.
→ Dazu passen Beeren, Fruchtsirup oder Likör. Auch mit Trockenkräutern herstellbar.

Minz-Panna cotta

- 1/2 l Sahne
- 50 g Zucker
- 6–8 Pfefferminzblätter
- 6–8 Basilikumblätter
- 8 Blatt weiße Gelatine
- 2 Vanilleschoten

Sahne mit dem Zucker, den Kräuterblättern und der ausgekratzten Vanille erhitzen. Vom Herd nehmen und 15 Minuten ziehen lassen. Die Blätter entfernen (durch ein Sieb gießen) und die eingeweichten, ausgedrückten Gelatineblätter einrühren. Die Panna cotta abkühlen lassen und am Anfang noch ab und zu durchrühren. In kalt ausgespülte Förmchen geben und 2–3 Stunden kühl stellen. Auf Teller stürzen und mit Minzblättchen dekorieren.
→ Sehr gut mit etwas Cointreau oder Mädesüß-Likör (siehe Seite 128).

Apfel-Götterspeise mit Kräutern (Foto rechts)

- 2 Zweige Zitronenmelisse
- 3–4 Zweige Quendel/Thymian
- 1 Stängel Mädesüß
- 1/2 l Apfelsaft
- 2 Äpfel
- 4 Blatt weiße Gelatine
- 1/2 Zitrone, unbehandelt
- 2 Esslöffel Zucker

Zitrone dünn abschälen. Äpfel schälen und entkernen, vierteln und in dünne Scheiben hobeln. Gelatineblätter in kaltem Wasser einweichen. Apfelsaft mit Zitronenmelisse, Quendel, Mädesüßblättern und Zitronenschalen aufkochen und 3–5 Minuten ziehen lassen. Kräuterzweige, Blätter und Zitronenschale herausnehmen. Apfelscheiben zugeben und nochmals 2 Minuten köcheln lassen. Von der Kochstelle nehmen und die ausgedrückten Gelatineblätter einrühren. In Dessertgläser füllen, erkalten lassen und stürzen.

Waldmeister-Schaumcreme

- 2 Esslöffel sehr fein gehackte Waldmeisterblätter (vor der Blüte gesammelt)
- 3 Eier
- 80 g Zucker
- 15 g Vanillezucker
- 2 Esslöffel Limetten- oder Orangensaft
- 1/2 l Weißwein
- 4 Blatt weiße Gelatine
- 6 Esslöffel Grand Marnier

Gelatine in kaltem Wasser einweichen. Wenig Weißwein erhitzen, den gehackten Waldmeister damit übergießen und stehen lassen. 3 Eigelbe mit Zucker und Vanillezucker schaumig rühren, mit dem Wein und den eingeweichten und ausgedrückten Gelatineblättern kurz aufkochen. Nach Abkühlen Limetten- oder Orangensaft, Waldmeister und den sehr steif geschlagenen Eischnee vorsichtig einrüh-

ren. In eine Schüssel oder in Portionsschalen füllen und im Kühlschrank fest werden lassen. Mit Grand Marnier oder Likör aus Zitronenmelisse (siehe Rezept Kräuterlikör rechts) servieren.

Zabaione mit Basilikum

(Foto unten)

- 5 Eigelbe
- 50 g brauner Zucker
- Blätter von 8–10 Stängeln Basilikum
- 1/4 l trockener Weißwein
- 100 ml trockener Sekt
- 1 Spritzer Balsamico-Essig

Basilikumblätter abzupfen und ganz fein hacken. Den Weißwein mit Zucker und gehackten Basilikumblättern erwärmen, bis der Zucker geschmolzen ist. Alles in einen Schlagtopf geben. Eigelbe und Balsamico-Essig dazugeben und im heißen Wasserbad mit dem Schneebesen schaumig aufschlagen. Sofort in Gläser füllen und servieren. Nach Belieben mit Erdbeeren oder anderen Früchten und Basilikumblättern garnieren.

→ Größere Mengen sollten in mehreren Durchgängen hergestellt werden.

Kräuterlikör

- 250 g Zucker
- 100 g Wasser
- 800 g Wodka
- 1 Zitrone, gepresst
- 1 Orange, gepresst
- 50–60 g gehackte Kräuter, besonders geeignet sind: Pfefferminze, Zitronenmelisse, Mädesüß, Basilikum, Rosmarin, Salbei, Thymian, Ysop und Duftpelargonien

Aus Zucker und Wasser eine Zuckermelasse kochen. Etwas abkühlen lassen. Die gehackten Kräuter in einem Schraubglas oder einer Flasche mit der warmen Zuckermelasse übergießen. Wodka, Orangen- und Zitronensaft dazugeben, fest verschließen und 6 Wochen stehen lassen. Hin und wieder schütteln. Nach 6 Wochen durchsieben und in Fläschchen füllen.
Ideal über Eis, Pudding und Crêpes. Es empfiehlt sich zunächst nur mit einem Kraut zu arbeiten; Mischungen sind jedoch auch möglich und spannend für Experimentierfreudige.

Besonderes

Kapern von Blütenknospen

Kleine, feste Blütenknospen von:

- Gänseblümchen, Scharbockskraut, Sumpfdotterblume, wilder Malve, Kapuzinerkresse, Löwenzahn
- 1/3 Wasser
- 2/3 Estragon-Essig
- etwas Salz
- 1 Prise Zucker

Die Blütenknospen kurz abwaschen und von den Stielen befreien. Die Knospen randvoll in ein Schraubglas (oder mehrere) entsprechender Größe füllen. Das Glas wieder entleeren; es dient nun als Mengenmaß für die Flüssigkeit. Essig und Wasser im oben angegebenen Verhältnis in das Glas füllen und in einen Topf geben. Mit Salz und einer Prise Zucker zum Kochen bringen. Die Blütenknospen kurz dazugeben und alles heiß in das Schraubglas füllen, sofort verschließen. Die Kapern müssen mit Flüssigkeit bedeckt sein. Man kann auch noch Pfefferkörner oder einen Estragonzweig dazugeben.

→ Diese Wildblumenkapern können wie gekaufte Kapern verwendet werden. Kühl aufbewahren.

Würze aus Liebstöckel

- 5 Esslöffel frischer gehackter Liebstöckel
- 1 Esslöffel grobes Meersalz

Die Zutaten sehr gut miteinander vermischen und in ein Schraubglas füllen.

→ Portionsweise verwenden zu Suppen und Soßen. Hält sich im Kühlschrank mehrere Monate.

Küchenkräuter von A bis Z

Erläuterung der Symbole

5-9 Haupterntezeit von ... bis

Pflanzenteile als Gewürz

Pflanzenteile als Tee

Pflanzenteile als Gemüse oder Salat

Pflanzenteile zur essbaren Dekoration

Pflanzenteile als Zutat zum Backen

Alant
Inula helenium

Wuchs: Aufrecht buschig; 150–250 cm hoch; behaart.

Blatt: Untere Blätter breit-lanzettlich bis länglich-elliptisch; bis 70 cm lang; zugespitzt; gezähnt; obere Blätter kleiner; breiter; stängelumfassend.

Blüte: Juli–August; gelb; Doldentrauben; duftend.

Frucht: Achänen.

Standort: Sonnig bis halbschattig; tiefgründige, nahrhafte, frische Böden.

Vermehrung/Pflege: Alant wird durch Aussaat im Frühjahr oder durch Teilung des Wurzelstockes im Herbst vermehrt. Bei einer Neupflanzung ist die stattliche Größe dieser Pflanze zu beachten.

Ernte: Blätter werden im Frühjahr, Blüten im Sommer und Wurzeln im Herbst geerntet.

Verwendung: Frische Blätter werden als Gemüse gegessen. Getrocknete Blätter und Wurzeln können zu Tee verarbeitet werden und frische Blüten werden zur Garnierung von verschiedenen Speisen verwendet.

Gefahren: Das ätherische Öl des Alants hat allergieauslösende Eigenschaften, die sich z.B. in Schleimhautreizungen im Verdauungstrakt äußern können.

Hinweis: Alant wurde bereits von der Äbtissin Hildegard von Bingen beschrieben. Die Wurzel wird seither als Tee oder in Teemischungen bei Bronchitis, Reiz- oder Keuchhusten angewendet. Die Volksheilkunde verwendet Alant auch bei Infektionen der Harnwege, Hauterkrankungen, Wurmbefall und Menstruationsbeschwerden.

Andorn

Marrubium vulgare

Wuchs: Buschig; verzweigt; bis 60 cm hoch; filzig behaart.

Blatt: Wintergrün; eiförmig bis rundlich; gekerbt; graugrün; runzelig; behaart.

Blüte: Juni–August; weiß; Scheinquirle.

Frucht: Klausenfrüchte.

Standort: Sonnig; gut durchlässige, magere Böden.

Vermehrung/Pflege: Andorn wird durch Aussaat im Frühjahr oder durch Teilung des Wurzelstockes im Herbst vermehrt. Der Abstand der Pflanzen beträgt wenigstens 30 cm.

Ernte: Blätter werden während der gesamten Vegetationsphase geerntet und können frisch verwendet werden. Nicht verholzte, blühende Triebe werden im Sommer geschnitten und getrocknet.

Verwendung: Die Blätter werden frisch oder getrocknet als Salatwürze und zur Herstellung von Kräuterlikören verwendet.

Hinweis: Andorn ist eines der ältesten uns bekannten Heilkräuter. Schon die Ägypter verwendeten das Kraut gegen Erkrankungen der Atemwege. Die Volksheilkunde kennt Andorn als Mittel gegen Appetitlosigkeit, gegen Verdauungsbeschwerden und äußerlich angewendet als Wundheilmittel bei Hautausschlägen.

Anis

Pimpinella anisum

Wuchs: Rosettig; Blütentriebe aufrecht; 30–50 cm hoch.

Blatt: Grundblätter ungeteilt; mittlere 3–5fach gefiedert; obere dreiteilig und tief eingeschnitten.

Blüte: Juni–Juli; weiß; Dolden.

Frucht: Spaltfrüchte.

Standort: Sonnig; durchlässige, nahrhafte, leichte Böden.

Vermehrung/Pflege: Anis wird ab März direkt ins Freiland in Reihen mit 20–30 cm Abstand gesät und später auf einen Abstand von 10–15 cm vereinzelt.

Ernte: Blätter und Blüten können stets frisch geerntet werden. Die Früchte werden geerntet, sobald sie braun werden. Dazu werden ganze Dolden abgeschnitten und nachgetrocknet.

Verwendung: Die frischen Blätter werden zum Würzen von Salaten, die Blüten werden als Garnierung verwendet. Anisfrüchte sind Bestandteil von verschiedenen Backrezepten und eignen sich zum Würzen von Suppen, Saucen und Currygerichten. Die Samen werden als Tee verwendet und sind auch Bestandteil verschiedener Kräuterlikörrezepturen (Ouzo, Pernod).

Hinweis: Anis wurde bereits im alten Ägypten als Heilmittel gegen eine Vielzahl von Erkrankungen eingesetzt. In der Klosterheilkunde war Anis als Gewürz und als Heilmittel gleichermaßen geschätzt. Anis ist heute häufig Bestandteil von Hustentees und von Magen- und Darmtees. Das ätherische Öl wird zur Herstellung von Mundwässern verwendet.

Bärlauch

Allium ursinum

Wuchs: Aufrecht; 20–30 cm hoch, horstig; Ausläufer treibend.

Blatt: Elliptisch-lanzettlich und zugespitzt.

Blüte: Mai–Juni; halbkugelförmige Dolden; nach Knoblauch duftend.

Frucht: Kapseln.

Standort: Halbschattig bis schattig; kalkhaltige, nahrhafte, frische bis feuchte Böden.

Vermehrung/Pflege: Bärlauch kann durch Aussaat oder durch Vereinzeln von Zwiebeln vermehrt werden. Die Aussaat erfolgt bald nach der Samenreife im Sommer (Frostkeimer). Einfacher ist die Vermehrung durch das Vereinzeln der Zwiebeln im Frühsommer kurz nach der Blüte.

Ernte: Frische Blätter können von April bis Juni geerntet werden. Sie werden frisch verwendet oder eingefroren.

Verwendung: Bärlauchblätter werden roh oder gedünstet zum Würzen von Suppen, Salaten, Gemüse und Saucen verwendet. Bärlauchblätter eingelegt in Öl eignen sich hervorragend zur Herstellung von Pesto.

Hinweis: Bärlauch ist eine sehr alte Heilpflanze und war schon den Germanen und Kelten bekannt. Die Volksheilkunde verwendet Bärlauch genau wie Knoblauch bei Verdauungsstörungen, gegen Bluthochdruck und vorbeugend gegen altersbedingte Gefäßerkrankungen. Seine Wirkung tritt ohne den oft lästigen Knoblauchgeruch ein.

Basilikum
Ocimum basilicum

Wuchs: Aufrecht; stark verzweigt; 15–60 cm hoch.

Blatt: Je nach Sorte grün oder rot; meist eiförmig; entfernt gesägt.

Blüte: Juni–September; weiß (bei rotblättrigen Sorten rosafarben); Scheinquirle.

Frucht: Klausenfrüchte.

Standort: Sonnig; nahrhafte, durchlässige, frische Böden.

Vermehrung/Pflege: Basilikum wird ab März unter Glas bei Temperaturen von 20 °C vorgezogen und später an die wärmste Stelle des Gartens gepflanzt oder auf der Fensterbank im Topf weiter kultiviert.

Ernte: Vor der Blüte werden bei Bedarf junge Blätter und Triebe geerntet. Während der Blüte werden die Blätter derber und ihr Geschmack wird herber. Basilikum sollte immer frisch verwendet werden, getrocknetes Kraut verliert an Würzkraft.

Verwendung: Frisches Basilikum ist in der Küche vielseitig einsetzbar. Das aromatische Kraut passt gut zu Tomaten, Saucen, Salaten, Fleisch- und Fischgerichten, Suppen, Pestos und Pastagerichten. Besonders wichtig: das Kraut verliert beim Kochen oder Trocknen den Großteil seines Aromas und soll daher nur frisch verwendet und möglichst nur kurz oder am Besten gar nicht mitgekocht werden.

Hinweis: Basilikum stammt aus Indien und war bereits in der Antike eine geschätzte Arznei- und Gewürzpflanze. Basilikum gelangte im 12. Jahrhundert nach Mitteleuropa.

Ocimum basilicum 'Anisbasilikum'
Aufrecht; stark verzweigt mit rötlichen Stängeln; 20–40 cm hoch.
Blätter eiförmig; gesägt; zugespitzt; dunkelgrün. Anisbasilikum wird auch zum Anrichten von Süßspeisen verwendet.

Ocimum basilicum 'Ararat'
Aufrecht; stark verzweigt; 20–40 cm hoch.
Blätter eiförmig; gesägt; zugespitzt; dunkelgrün, purpur gezeichnet.
Die schön gescheckten Blätter eigenen sich besonders für die Garnierung verschiedener Speisen.

Ocimum basilicum 'Compatto'
Aufrecht; stark verzweigt; 20–40 cm hoch.
Blätter eiförmig; entfernt gesägt; zugespitzt; im Austrieb kraus; grün.
Die Blätter eigenen sich zum Würzen und für die Garnierung verschiedener Speisen.

Ocimum basilicum 'Dark Opal'
Aufrecht; stark verzweigt; 20–40 cm hoch.
Blätter eiförmig; entfernt gesägt; zugespitzt; tief purpurfarben.
Dank ihres herben Aromas eignet sich diese Sorte besonders zur Herstellung von Kräutertees.

Ocimum basilicum 'Italian Star'
Aufrecht; stark verzweigt; 30–40 cm hoch.
Blätter eiförmig; entfernt gesägt; zugespitzt; im Austrieb kraus; grün; besonders groß.
Dank ihrer großen Blätter ist diese Sorte besonders ergiebig.

Ocimum basilicum 'Magical Michael'
Aufrecht; stark verzweigt; 20–40 cm hoch.
Blätter eiförmig ; gesägt; zugespitzt; grün.
Diese neue Sorte gilt als besonders würzkräftig.

Ocimum basilicum 'Siam Queen'
Aufrecht; stark verzweigt; 20–40 cm hoch. Blätter eiförmig; entfernt gesägt; zugespitzt; grün. Thai-Basilikum eignet sich besonders zum Würzen von asiatischen Speisen.

Ocimum basilicum var. **minimum**
Griechisches Buschbasilikum
Aufrecht; stark verzweigt; 20–40 cm hoch. Blätter eiförmig; entfernt gesägt; zugespitzt; grün; klein. Das Griechische Buschbasilikum hat besonders würzige Blätter.

Benediktenkraut
Cnicus benedictus

Wuchs: Aufrecht; bis 50 cm hoch; steif behaart.
Blatt: Schrotsägezähnig bis fiederspaltig; bedornt; zottig behaart; oft klebrig.
Blüte: April–Juli; goldgelb; von großen, dornigen Hochblättern umgeben; duftend.
Frucht: Achänen.
Standort: Sonnig; nahrhafte, sandige, trockene Böden.
Vermehrung/Pflege: Das Benediktenkraut wird durch Direktaussaat vermehrt. Der Reihenabstand beträgt etwa 30 cm.
Ernte: Zur Blütezeit werden oberirdische Pflanzenteile gesammelt und getrocknet.
Verwendung: Der Extrakt des Krautes ist häufig Bestandteil von Kräuterlikörrezepturen.
Gefahren: Die Pflanze gilt als schwach giftig. Bei sehr hoher Dosierung kann es zu Brennen im Mund- und Rachenraum und zu Durchfällen kommen. Bei Berührung der Pflanze können allergische Hautreaktionen ausgelöst werden.
Hinweis: Bereits Dioskurides berichtete von der verdauungsfördernden Wirkung des Benediktenkrautes und empfahl es bei Magenstörungen. Danach geriet die Pflanze jedoch in Vergessenheit. Im 16. Jahrhundert beschrieb Adam Lonitzer das „Cardobenedikt“ in seinem Kräuterbuch und das Kraut fand Einzug in die Klosterheilkunde. Benediktenkraut wird bis heute als Tee zur Appetitanregung und gegen Störungen der Verdauungsorgane verwendet.

Bibernelle

Pimpinella major

Wuchs: Rosettig; Blütentriebe aufrecht; verzweigt; 80–120 cm hoch.

Blatt: Unpaarig gefiedert; Blättchen lanzettlich; gesägt.

Blüte: Juni–Juli; weiß; Dolden.

Frucht: Spaltfrüchte.

Standort: Sonnig bis halbschattig; nahrhafte, lehmige, frische bis feuchte Böden.

Vermehrung/Pflege: Die Große Bibernelle wird ab März direkt in das Freiland in Reihen mit 30 cm Abstand gesät. Später werden die Sämlinge auf einen Abstand von 30 cm vereinzelt.

Ernte: Zum Gebrauch in der Küche werden junge Blätter und Triebe während des ganzen Sommers geerntet. Zur Verwendung in der Hausapotheke wird das ganze blühende Kraut geerntet und mit Wurzeln getrocknet.

Verwendung: Die Kleine Bibernelle würzt Suppen und Salate und gehört zu den klassischen Kräutern der Frankfurter Grünen Soße. Die Große Bibernelle wird meist zur Herstellung von Tees verwendet.

Hinweis: Die Große Bibernelle wird in erster Linie als Heilpflanze verwendet. Tee und Extrakte der Wurzeln werden bei Erkrankungen der oberen Luftwege und als Gurgelmittel bei Entzündungen im Mund- und Rachenraum angewendet. Die Große Bibernelle ist Bestandteil von Gewürzmischungen und wird in der Likörindustrie zu Bitterschnäpsen verarbeitet.

Bockshornklee, Griechischer

Trigonella foenum-graecum

Wuchs: Aufrecht bis niederliegend; bis 60 cm hoch; nur oben verzweigt.

Blatt: 3-zählig; Blättchen elliptisch; ganzrandig.

Blüte: Mai-Juni; gelblich weiß; zu 1–2 achselständig.

Frucht: Hülsen.

Standort: Sonnig; durchlässige, magere Böden.

Vermehrung/Pflege: Griechischer Bockshornklee wird durch Direktaussaat im Frühjahr vermehrt. Der Reihenabstand beträgt etwa 20 cm.

Ernte: Während des Sommers werden frische Blätter geerntet, im Spätsommer reife Samen.

Verwendung: Junge Blätter werden zum Würzen von Lamm, Gemüse und Braten verwendet. Die pulverisierten Samen werden zum Herstellen von Currygewürzen oder Tee verwendet.

Hinweis: Der Bockshornklee stammt ursprünglich aus Persien. Bei den alten Ägyptern wurde er zu Heilzwecken und auch in religiösen Handlungen gebraucht. Frühzeitig bekannt war er in China, in Indien, in Griechenland und bei den Römern. Karl der Große hat Bockshornklee als Futtermittel nach Mitteleuropa eingeführt. Dort wurde er bald in Klostergärten angebaut. Hildegard von Bingen beschrieb ihn als Heilmittel gegen Hautkrankheiten. Heute wird Griechischer Bockshornklee in Hustentees und äußerlich als Mittel bei lokalen Entzündungen angewendet.

Bohnenkraut, Berg-

Satureja montana

Wuchs: Buschig; im unteren Bereich verholzend; 25–50 cm hoch.

Blatt: Schmal lanzettlich; fast sitzend; mit Drüsenschuppen besetzt; glänzend dunkelgrün.

Blüte: Juli–Oktober; weiß bis lilafarben; Scheinähren.

Frucht: Klausenfrüchte.

Standort: Sonnig; durchlässige, etwas kalkhaltige Böden.

Vermehrung/Pflege: Berg-Bohnenkraut wird durch Aussaat vermehrt. Bohnenkraut ist Lichtkeimer. Die Pflanzen sind auch für die Topfkultur geeignet.

Ernte: Einzelne Zweige können während des ganzen Sommers geerntet werden. Ab dem zweiten Jahr sind 2–3 Schnitte möglich. Das Kraut wird am besten während der Blüte geerntet, seine Würzkraft ist dann am intensivsten. Das Kraut verliert während des Trocknens kaum an Aroma.

Verwendung: Das Berg-Bohnenkraut wird genau wie das Sommer-Bohnenkraut zum Würzen von Bohnengerichten, Kartoffeln, Braten, Eintöpfe und deftigen Salate verwendet. Der einzig nennenswerte Unterschied liegt im etwas gröberen Aroma.

Hinweis: Berg-Bohnenkraut war genau wie Sommer-Bohnenkraut bereits in der Antike ein bekanntes Gewürz. Bei uns wurde es erstmals in Klostergärten kultiviert und als Gewürz oder als Tee verwendet.

Bohnenkraut, Sommer-
Satureja hortensis

Wuchs: Buschig; straff aufrecht; stark verzweigt; im unteren Bereich verholzend; bis 40 cm hoch.

Blatt: Schmal lanzettlich; fast sitzend; behaart; dunkelgrün.

Blüte: Juli–Oktober; weiß bis lilafarben; Scheinähren.

Frucht: Klausenfrüchte.

Standort: Sonnig; durchlässige, leichte Böden.

Vermehrung/Pflege: Das Sommer-Bohnenkraut wird durch Aussaat vermehrt. Bohnenkraut ist Lichtkeimer.

Ernte: Frische Blättchen können während des ganzen Sommers geerntet werden. Günstiger ist es jedoch, das ganze Kraut während der Blüte zu ernten, seine Würzkraft ist dann am intensivsten. Das Kraut ist gut zum Anlegen von Vorräten geeignet, es verliert während des Trocknens kaum an Aroma.

Verwendung: Sommer-Bohnenkraut wird als intensive Würze für Bohnengerichte, Kartoffeln, Braten, Eintöpfe und deftige Salate verwendet. Damit sich sein Aroma voll entfaltet, sollte das Kraut beim Zubereiten von warmen Speisen lange mitgekocht werden. Frische Blätter eignen sich zum Würzen von Salaten, frische Triebe zum Aromatisieren von Öl und Essig.

Hinweis: Bohnenkraut war bereits in der Antike ein geschätztes Gewürz. Benediktinermönche brachten es im 9. Jahrhundert über die Alpen und kultivierten es in ihren Klostergärten. Die Volksmedizin verwendet Zubereitungen mit Bohnenkraut bei Verdauungsbeschwerden und bei Entzündungen.

Borretsch
Borago officinalis

Wuchs: Straff aufrecht; verzweigt; bis 80 cm hoch; rau behaart.

Blatt: Elliptisch; beidseitig rau behaart.

Blüte: Mai–September; himmelblau, selten rosa oder weiß; Wickel.

Frucht: Steinfrüchte.

Standort: Sonnig; nahrhafte, durchlässige, frische bis feuchte Böden.

Vermehrung/Pflege: Borretsch wird durch Aussaat von April bis Juni vermehrt. Die Pflanze ist ein ausgesprochener Dunkelkeimer. Das Saatgut muss daher gut mit Erde abgedeckt werden. Später werden die jungen Pflänzchen auf einen Abstand von 50 cm verpflanzt. Da schnell eine Pfahlwurzel gebildet wird, darf mit dem Umpflanzen nicht allzu lange gewartet werden. Einmal kultiviert, sät sich Borretsch im Garten häufig selbst aus.

Ernte: Junge Triebe und Blätter können ganzjährig geerntet werden.

Verwendung: Borretschkraut kann nur frisch verwendet werden. Es eignet sich gut als Würze von Salaten, Quark, Eierspeisen, Spinat und kalten Soßen. Die ebenfalls essbaren Blüten eignen sich zum Dekorieren von Salaten und kalten Platten.

Hinweis: Borretsch wurde vermutlich von den Arabern nach Spanien gebracht. Von dort wurde er bis nach Mitteleuropa verbreitet und bereits im Mittelalter in unseren Klostergärten angebaut. Ein Tee aus Blättern und Blüten wirkt blutreinigend, herzstärkend und schleimlösend.

Brennnessel
Urtica dioica

Wuchs: Straff aufrecht; 80–120 cm hoch, mit Brennhaaren bedeckt.

Blatt: Länglich-eiförmig; grob gesägt; mit Brennhaaren bedeckt.

Blüte: Juni–Oktober; zweihäusig; unscheinbar; rispenartige Blütenstände.

Frucht: Nüsschen.

Standort: Sonnig bis halbschattig; frische, humus- und stickstoffreiche Böden.

Vermehrung/Pflege: Brennnesseln werden durch Teilung des Wurzelstockes im Herbst vermehrt.

Ernte: Während des Sommers werden frische Blätter gesammelt. Zum Anlegen von Wintervorräten wird kurz vor der Blüte das ganze Kraut geerntet und getrocknet.

Verwendung: Frische Blätter können Frühlingssalaten zur Frühjahrskur oder Spinat beigemengt werden. Getrocknetes Kraut wird zur Zubereitung von Tee oder als Badezusatz verwendet.

Hinweis: Die Geschichte der Brennnessel als Heilpflanze lässt sich bis in die Antike zurückverfolgen. Die Volksheilkunde schätzt die Anwendung von Brennnesselspiritus zu Einreibungen bei rheumatischen Beschwerden. Frischpflanzen-Presssaft wird zur Frühjahrskur verwendet. Brennnesseltee wird häufig zur Durchspülungstherapie bei Erkrankungen der ableitenden Harnwege angewendet. Der Extrakt wird von der Kosmetikindustrie zur Herstellung von Haarwässern verwendet.

Brunnenkresse
Nasturtium officinale

Wuchs: Kriechend, teilweise aufsteigend; bis zu 70 cm lang; an den Verzweigungen Wurzeln bildend.
Blatt: Unpaarig gefiedert; Blättchen rundlich; klein; sattgrün.
Blüte: Juni–August; weiß; kurze Ähren.
Frucht: Schoten.
Standort: Halbschattig; nahrhafte, feuchte Böden an fließenden Gewässern.
Vermehrung/Pflege: Brunnenkresse wird durch Aussaat im Frühjahr oder durch Stecklinge vermehrt. Während der Anzucht der Pflänzchen muss das Substrat ständig nass gehalten werden. Die jungen Pflanzen werden im Abstand von etwa 7 cm gepflanzt und stets sehr nass gehalten. Der regelmäßige Rückschnitt fördert einen buschigen Wuchs.
Ernte: Junge Triebe können während des ganzen Jahres gesammelt und frisch verzehrt werden.
Verwendung: Die scharf-bitter schmeckenden Blätter sind ein schönes Gewürz für Salat, Eierspeisen, Kräuterbutter und Kräuterquark.
Hinweis: Die Geschichte der Brunnenkresse als Heilpflanze lässt sich bis in die Spätantike zurückverfolgen. Die Pflanze wurde auch in den mittelalterlichen Klostergärten kultiviert. Die Volksheilkunde schätzt Brunnenkressesalat zu Frühjahrskuren und wendet sie bei Stoffwechselstörungen und gelegentlich auch bei rheumatischen Beschwerden und Entzündungen an.

Dill, Garten-

Anethum graveolens

Wuchs: Rosettig; Blütentriebe straff aufrecht bis locker buschig; 80–125 cm hoch.
Blatt: Fein gefiedert.
Blüte: Juni–August; grünlich gelb; große gewölbte Doppeldolden.
Frucht: Spaltfrüchte.
Standort: Sonnig; tiefgründige, nahrhafte, frische Böden.
Vermehrung/Pflege: Dill wird im April direkt im Freiland breitwürfig oder in Reihen im Abstand von 25–30 cm ausgesät. Die Folgeaussaat ist bis August möglich. Häufig sind bessere Kulturergebnisse zu erwarten, wenn das Kraut anschließend im Garten verwildert.
Ernte: Während der gesamten Vegetationsperiode können frische Blätter und Blüten geerntet werden. Die Samen werden nach 2–3 monatiger Kulturzeit kurz vor der vollständigen Reife geerntet und nachgetrocknet.
Verwendung: Blätter und Blüten gelten frisch oder getrocknet als beliebtes Gewürz von Salaten, Fisch und Saucen. Die Samen werden zum Einlegen von Gurken und zum Herstellen von Kräuteressig verwendet.
Hinweis: Die Urheimat des Dills ist Persien. Schon die Ägypter kannten Dill als Heilpflanze gegen Kopfschmerzen. In Deutschland wurde die Pflanze erstmals im Klosterplan von St. Gallen erwähnt und in Klostergärten angebaut. In der Volksmedizin gilt der Tee aus Dillfrüchten als wirksam bei Verdauungsstörungen und bei Appetitlosigkeit.

Dost, Diptam-
Origanum dictamnus

Wuchs: Breitbuschig; 15–30 cm hoch; Polster bildend.
Blatt: Rundlich; silbrig behaart; klein.
Blüte: Juli–September; rosafarben; mit Tragblättern; Scheinähren.
Frucht: Klausenfrüchte.
Standort: Sonnig; durchlässige, trockene Böden.
Vermehrung/Pflege: Diptam-Dost ist bei uns nur für die Gefäßkultur geeignet. Die Aussaat erfolgt ab März unter Glas. Die Pflanzen dürfen nur sparsam gegossen werden. Diptam-Dost wird bei frostfreien Temperaturen an einem hellen Standort überwintert. Die Pflanzen können im Frühjahr zurückgeschnitten werden.
Ernte: Junge Blätter und Triebe können während der gesamten Vegetationsperiode gesammelt und frisch verzehrt werden. Zum Anlegen von Vorräten werden krautige Pflanzenteile während der Blütezeit gesammelt und getrocknet.
Verwendung: Die mild-aromatischen Blätter werden wie Majoran zum Würzen von mediterranen Speisen verwendet. Die Blüten eignen sich als Garnierung. Das getrocknete Kraut kann als Tee verwendet werden und ist zum Herstellen von Duftkissen und -schalen geeignet.
Hinweis: Diptam-Dost ist eine Pflanze der kretischen Mythologie. Schon Aphrodite soll die Heilkraft der Pflanze gekannt haben. Der Legende nach haben kretische Wildziegen nach Pfeilverletzungen zur Wundheilung von dem Kraut gefressen.

Dost, Gewöhnlicher
Origanum vulgare

Wuchs: Dichtbuschig, bis 50 cm hoch; Stängel rötlich; verholzende Ausläufer bildend.
Blatt: Eiförmig; ganzrandig; abgerundet; flaumig behaart.
Blüte: Juli–September; rosa oder weiß; Trugdolden.
Frucht: Klausenfrüchte.
Standort: Sonnig; durchlässige, trockene Böden.
Vermehrung/Pflege: Dost wird durch Aussaat im Freiland ab April oder durch Teilung des Wurzelstockes im Herbst vermehrt. In rauen Lagen benötigt die Pflanze einen leichten Winterschutz.
Ernte: Junge Blätter und Triebe können während der gesamten Vegetationsperiode gesammelt und frisch verzehrt werden. Zum Anlegen von Vorräten werden krautige Pflanzenteile während der Blütezeit gesammelt und getrocknet.
Verwendung: Oregano ist frisch oder getrocknet ein beliebtes Gewürz für Pizza, Salate und Nudelgerichte.
Hinweis: Dost war bereits den Griechen als Heilmittel und Gewürz bekannt. Die Pflanze galt auch als Dämonen abwehrendes Kraut. Im Mittelalter wurde Dost als Hexenabwehrpflanze angesehen und sollte vor dem Teufel schützen. Die Volksmedizin verwendet Dost bei Erkrankungen der Atemwege und bei Verdauungsbeschwerden. Das ätherische Öl wird heute in der Kosmetik-, Parfümerie- und Seifenindustrie verwendet und ist Bestandteil vieler Kräuterlikörrezepturen.

Eberraute

Artemisia abrotanum

5-9

Wuchs: Buschig; 90–120 cm hoch.

Blatt: Wintergrün; 2–3fach gefiedert; Blättchen nadelförmig; graugrün.

Blüte: Juli–Oktober; blassgelb; rispenartigen Blütenstände.

Frucht: Achänen. Die Samen reifen in unserem Klima nicht aus.

Standort: Sonnig; magere, kalkhaltige, durchlässige, Böden.

Vermehrung/Pflege: Der ausdauernde Strauch wird durch Stecklinge vermehrt.

Ernte: Während des ganzen Sommers können junge Triebspitzen geerntet werden. Zum Trocknen werden auch blühende Zweige verwendet.

Verwendung: Eberraute wird frisch oder getrocknet zum Würzen von Saucen, Fleischgerichten und Salaten werden. Wegen seines sehr intensiven Geschmackes sollte das Kraut nur sparsam verwendet werden.

Hinweis: Die Eberraute war schon im Altertum eine geschätzte Heilpflanze. Bei uns ist sie seit dem 9. Jahrhundert bekannt und wurde jahrhundertelang in Kloster- und Bauerngärten angebaut. Die Volksheilkunde nutzte die Pflanze zur Anregung der Magen- und Gallensaftsekretion. Heute ist die Eberraute weitestgehend in Vergessenheit geraten.

Engelwurz

Angelica archangelica

Wuchs: Rosettig; Blütentriebe straff aufrecht, im oberen Teil verzweigt; bis 250 cm hoch.
Blatt: 2–3fach gefiedert; Blättchen spitz; gezähnt; hellgrün.
Blüte: Juni–Juli; grünlich; große, halbkugelige Dolden.
Frucht: Spaltfrüchte.
Standort: Sonnig bis halbschattig; nahrhafte, durchlässige, feuchte Böden.
Vermehrung/Pflege: Engelwurz wird durch Direktaussaat im frühen Herbst vermehrt. Die Saat läuft erst nach Frosteinwirkung im Frühjahr auf. Die Pflanzen werden dann auf den Abstand von mindestens einem Meter vereinzelt.
Ernte: Frische Blätter und Blattstiele können während des ganzen Sommers geerntet werden, Früchte und Wurzeln im späten Herbst.
Verwendung: Frische Blätter und Blattstiele gelten als Delikatesse. Sie werden zum Würzen von Suppen, Saucen und Salaten verwendet. Stängelabschnitte können als Gemüse gegessen oder kandiert werden. Die Engelwurzwurzel kann als Gewürz verwendet werden.
Gefahren: Vorsicht im Umgang mit der Pflanze, fototoxische Substanzen können eine Dermatitis erzeugen.
Hinweis: Erst seit dem 14. Jahrhundert wurde die Engelwurz in Mitteleuropa als Heilpflanze geschätzt. Sie wurde in Klostergärten angebaut. Die Wurzeln sind Bestandteil von Teemischungen gegen Magen- und Darmstörungen. Für die Likörindustrie sind die Wurzeln Rohstoff zur Herstellung von Bitterschnäpsen.

Erdbeere

Fragaria vesca

Wuchs: Grundständige Blattrosette; bis 25 cm hoch; Ausläufer treibend.

Blatt: Wintergrün; 3-zählig; grob gezähnt; unterseits grauweiß behaart.

Blüte: Mai–Juni; weiß; Trugdolden.

Frucht: Aus Nüsschen zusammengesetzte Scheinfrüchte.

Standort: Sonnig bis halbschattig; nahrhafte, frische bis feuchte Böden.

Vermehrung/Pflege: Erdbeeren werden im Sommer über Ausläufer vermehrt, die nach dem Bewurzeln abgeschitten und umgepflanzt werden.

Ernte: Im Frühjahr werden junge Blätter geerntet, im Sommer reife Früchte.

Verwendung: Die Früchte werden frisch gegessen oder zum Herstellen von Desserts und Getränken verwendet. Erdbeerblätter und getrocknete Früchte sind häufig Bestandteil von Hausteemischungen.

Hinweis: In der Antike war die Erdbeere als Heilpflanze unbekannt. Auch in den mittelalterlichen Kräuterbüchern wird sie nur vereinzelt aufgeführt. Große Beachtung fand sie dagegen in der Volksmedizin, die Erdbeerblätter als Tee bei leichten Durchfällen und zum Gurgeln bei Entzündungen im Mund- und Rachenraum verwendet.

Estragon

Artemisia dracunculus

Wuchs: Breitbuschig; bis 150 cm hoch; stark verzweigt; überwiegend verholzt.

Blatt: Lanzettlich; hellgrün.

Blüte: August–Oktober; gelb; Trauben; blüht selten.

Frucht: Achänen.

Standort: Sonnig bis halbschattig; nahrhafte, frische bis feuchte Böden.

Vermehrung/Pflege: Der Russische Estragon kann durch Aussat oder durch Teilung im Frühjahr vermehrt werden. Der Französische Estragon bildet bei uns keine Früchte aus, er wird im Frühjahr durch Wurzelausläufer oder Blattstecklinge vermehrt. Der Pflanzabstand beträgt 40 × 40 cm.

Ernte: Blätter oder Triebspitzen des Französischen Estragons können während des ganzen Sommers geerntet werden. Der Russische Estragon wird kurz vor der Blüte geerntet, sein Aroma ist dann am intensivsten.

Verwendung: Estragon wird am besten frisch, seltener auch getrocknet als Gewürz von Suppen, Salaten und Saucen sowie zum Einlegen von Gurken verwendet.

Hinweis: Estragon ist bei uns in zwei Kulturformen bekannt. Der Russische Estragon ist sehr winterfest, besitzt aber wenig Würzkraft. Der Französische Estragon schmeckt feinwürzig und delikat. Er ist in der Kultur anspuchsvoller und benötigt eine etwas geschütze Lage.

Fenchel
Foeniculum vulgare

5-10

Wuchs: Rosettig; Blütentriebe straff aufrecht; im oberen Teil verzweigt; 80–200 cm hoch.
Blatt: Sehr fein gefiedert.
Blüte: Juli–September; gelb; Doppeldolden.
Frucht: Spaltfrüchte.
Standort: Sonnig; tiefgründige, nahrhafte, kalkhaltige, feuchte Böden.
Vermehrung/Pflege: Fenchel wird im Frühjahr im Saatbeet in Reihen mit dem Abstand von 20–25 cm gesät. Im Frühjahr des zweiten Jahres werden die Pflanzen auf einen Abstand von 40 × 60 cm verpflanzt.
Ernte: Einzelne junge Blätter können laufend geerntet werden. Die Früchte reifen im Spätsommer. Dolden mit reifen Samen werden abgeschnitten und zum Trocknen aufgehängt. Junge Blätter können frisch geerntet werden.
Verwendung: Frische Blätter werden zum Würzen von Salaten, Fisch und Saucen verwendet. Fenchel ist ein beliebtes Gewürz von Backwaren und Likören.
Hinweis: Die Geschichte der Anwendung des Fenchels lässt sich bis in die Antike zurückverfolgen. Auch in den mittelalterlichen Klostergärten wurde Fenchel angebaut. Die Volksmedizin schätzt Fencheltee als milchbildendes Getränk für stillende Frauen. Fenchelfrüchte sind heute Bestandteil von Husten-, Abführ- und Magen-Darm-Tees. Der größte Teil der Welternte wird zur Gewinnung des in der Aroma-, Lebensmittel- und Kosmetikindustrie benötigten Anethols verwendet.

Fingerkraut, Gänse-
Potentilla anserina

5-9

Wuchs: Rosettig; Blütentriebe aufrecht; 20–40 cm hoch; Ausläufer treibend.
Blatt: Unpaarig gefiedert; Blättchen länglich; scharf gesägt; unterseits weißfilzig.
Blüte: Mai–August; goldgelb; Schalenblüten.
Frucht: Scheinbeeren.
Standort: Sonnig; durchlässige, auch steinige Böden.
Vermehrung/Pflege: Gänse-Fingerkraut wird durch Aussaat oder durch Teilung des Wurzelstockes vermehrt. Die Aussaat erfolgt im Herbst (Gänse-Fingerkraut ist Frostkeimer), die Teilung im Frühjahr. Die anspruchslosen Pflanzen können in größeren Abständen gepflanzt werden, sie breiten sich schnell aus.
Ernte: Blätter und Blüten werden zur Blütezeit gesammelt und frisch verwendet oder getrocknet. Wurzeln werden im Herbst ausgegraben, gut gereinigt und anschließend schonen getrocknet.
Verwendung: Blätter und Blüten eignen sich frisch zur Zubereitung von Salaten und Gemüse. Getrocknete Pflanzenteile werden zur Zubereitung von Tees verwendet.
Hinweis: Die Volksheilkunde verwendet Gänse-Fingerkraut als Tee zum Spülen und Gurgeln bei Entzündungen im Mund- und Rachenraum und in Umschlägen bei schlecht heilenden Wunden. Gänse-Fingerkraut oder dessen Wurzeln sind häufig Bestandteil von Frauentees oder Leber-Galle-Tees.

Flohsame, Schwarzer
Psyllium afrum

6-7

Wuchs: Aufsteigend bis aufrecht; 20–40 cm hoch.

Blatt: Lineal-lanzettlich; ganzrandig mit wenigen Zähnen; lang zugespitzt; borstig behaart.

Blüte: Mai–Juli; cremeweiß, panaschiert; köpfchenartige Ähren.

Frucht: Kapseln.

Standort: Sonnig; durchlässige, frische Böden.

Vermehrung/Pflege: Der Schwarzer Flohsame wird im Frühjahr in Reihen im Abstand von etwa 20 cm gesät.

Ernte: Bevor der Samen ausfällt, werden im Sommer reife Fruchtstände geerntet und nachgetrocknet.

Verwendung: Die reifen Samen werden ballaststoffreichen Speisen beigemengt.

Hinweis: Flohsamen werden pharmazeutisch genau wie der Indische Flohsamen (*Psyllium ovatum*) als mildes Abführmittel bei chronischer Verstopfung oder bei Durchfall und bei Reizdarm angewendet. Sie sind auch Bestandteil von industriell hergestellten Abführmitteln.

Frauenmantel

Alchemilla xanthochlora

Wuchs: Breitbuschig; bis 50 cm hoch; horstig.

Blatt: 7–9lappig; gezähnt; weich behaart.

Blüte: Juni–Juli; Nachblüte häufig im Herbst; grünlichgelb; knäuelartig in Rispen.

Frucht: Nüsschen.

Standort: Sonnig bis halbschattig; humusreiche, durchlässige, nicht zu trockene Böden.

Vermehrung/Pflege: Frauenmantel wird durch Aussaat oder durch Teilung des Wurzelstockes vermehrt. Die Aussaat erfolgt im Spätsommer oder im Frühjahr direkt in das Beet oder zur Vorkultur in den Topf. Die Teilung des Wurzelstockes kann im Herbst erfolgen. Die jungen Pflanzen werden in einem Abstand von 30–40 cm gepflanzt.

Ernte: Im Sommer werden Blätter oder blühendes Kraut geerntet und frisch verwendet oder schonend getrocknet. Das weich behaarte Kraut wird im abgetrockneten Zustand geerntet.

Verwendung: Frische Blätter sind Zutaten für Salate oder Suppen. Das getrocknete Frauenmantelkraut wird zur Zubereitung von Tee verwendet.

Hinweis: Schon die alten Germanen kannten Frauenmantel als Götter- und Zauberpflanze. Die Volksmedizin verwendet den Tee als Mittel gegen Beschwerden der Wechseljahre, bei zu starken Monatsblutungen und auch als Blutreinigungskur. Heute wird das Kraut als Tee oder in Teemischungen bei Magen- und Darmstörungen und bei unspezifischen Durchfällen angewendet.

Gänseblümchen

Bellis perennis

Wuchs: Rosette; etwa 15 cm hoch; breitet sich rasenähnlich aus.

Blatt: Wintergrün; spatelförmig; grundständig.

Blüte: März–November; gelb; körbchenartig stehende Röhrenblüten; rosa-weiße Strahlenblüten.

Frucht: Achänen.

Standort: Sonnig; nahrhafte, frische Böden.

Vermehrung/Pflege: Gänseblümchen werden durch Aussaat im Frühjahr oder durch Teilung des Wurzelstockes im Herbst vermehrt.

Ernte: Die Frühlingsblätter werden frisch verwendet. Das ganze blühende Kraut kann im Sommer geerntet und getrocknet werden.

Verwendung: Frische Frühlingsblätter sind Zutaten von Salaten und Frühlingsquark, das getrocknete Kraut wird als Tee zur Blutreinigung angewendet. Die frisch gepflückten Blüten sind essbar und können als Garnierung von verschiedenen Speisen verwendet werden.

Hinweis: Das Gänseblümchen erfuhr bereits im Mittelalter große Wertschätzung. Die heutige Volksheilkunde verwendet die Pflanze zur Appetitanregung, als Magen-, Leber- und Gallemittel, bei Husten, Hautleiden und als Blutreinigungsmittel.

Hundskamille, Färber-
Anthemis tinctoria

Wuchs: Buschig; 30–60 cm hoch.
Blatt: Doppelt fiederspaltig; gekräuselt; graugrün.
Blüte: Juli–September; goldgelbe Körbchenblüten mit langen Zungenblüten.
Frucht: Achänen.
Standort: Sonnig; magere Böden.
Vermehrung/Pflege: Die Färber-Hundskamille wird durch Aussaat im Frühjahr (Lichtkeimer) oder durch Teilung des Wurzelstockes im Herbst vermehrt. Die Stauden benötigen einen Endabstand von etwa 30 × 30 cm.
Ernte: Blätter, Blüten und Stängel werden im Sommer gesammelt und frisch verwendet oder getrocknet.
Verwendung: Frische Blätter werden auf Brot gegessen oder als Würze für Kräuterquark verwendet. Frische Blüten werden als Garnierung verschiedener Speisen verwendet oder in Honig eingelegt. Getrocknete Blüten sind schönender Bestandteil von Teemischungen.
Hinweis: Die Färber-Hundskamille ist eine alte Färberpflanze. Getrocknete Blüten können zum Färben von Naturtextilien verwendet werden. Die Pflanze wurde früher wie die Echte Kamille als Heiltee bei verdorbenen Mägen oder zur Beruhigung von unruhigen Babys angewendet.

Ingwer
Zingiber officinale

Wuchs: Aufrecht; bis 1m hoch.
Blatt: Schmal-lanzettlich.
Blüte: Juni–Juli; gelb mit purpurfarbenem Rand; zapfenartige Ähren mit großen, grünen Deckblättern.
Standort: Halbschattig, warm, hohe Luftfeuchtigkeit.
Vermehrung/Pflege: Ingwer wird durch Rhizomteilung vermehrt.
Ernte: Nach 8–10 Monaten Kulturzeit wird das fleischige Rhizom aus der Erde genommen und frisch oder getrocknet verwendet.
Verwendung: Ingwer zählt zu den bekannteren Küchenkräutern und Gewürzen. Geriebene Ingwerknollen schmecken brennend scharf und würzig. Ingwer gilt als das Gewürz für die asiatische Küche. Er wird zum Würzen von Suppen, Saucen, Currygerichten und auch Desserts und Kuchen verwendet. Ingwer wird häufig in der Getränke- (Ginger Ale) sowie in der Lebensmittelindustrie verwendet.
Hinweis: Ingwer ist eines der ältesten und beliebtesten Gewürze der Welt. Konfuzius liebte ihn über alles und auch in Rom schätzte man dieses Gewürz sehr. Ingwer wird bis heute insbesondere in der asiatischen Alternativmedizin zur Behandlung von Rheuma, Muskelschmerzen oder Erkältungen verwendet.

Johanniskraut

Hypericum perforatum

6-8

Wuchs: Aufrecht; im oberen Bereich verzweigt; bis 90 cm hoch; Ausläufer treibend.
Blatt: Linealisch bis eiförmig; durchscheinend punktiert.
Blüte: Juni–September; goldgelb; Trugdolden.
Frucht: Kapseln.
Standort: Sonnig; nahrhafte, gut durchlässige Böden.
Vermehrung/Pflege: Johanniskraut wird im Frühjahr direkt in das Freiland gesät. Die Pflanzen werden später auf einen Abstand von 30–40 cm vereinzelt. Bei guten Standortbedingungen ist die Pflanze anspruchslos und absolut winterhart.
Ernte: Im Sommer werden Blätter, Blüten und Triebe geerntet und frisch verarbeitet oder getrocknet.
Verwendung: Blätter und Triebe gelten als Würze für Fischgerichte oder für Kräuterlikör.
Gefahren: Die Pflanze gilt als sehr schwach giftig. Bei Einnahme höher dosierter Präparate kann es durch Einwirkung von UV-Licht zu fototoxischen Reaktionen auf der Haut kommen.
Hinweis: Johanniskraut ist seit der Antike als Heilpflanze bekannt und wurde später von den Kräuterbuchautoren des Mittelalters beschrieben. Johanniskrautöl (Rotöl) ist ein Auszug aus frischen Blüten und wird äußerlich als Wundheilmittel verwendet. Johanniskraut wirkt als Tee oder als Bestandteil von Teemischungen bei nervöser Unruhe und bei leichten Verstimmungszuständen.

Kamille

Matricaria recutita

Wuchs: Locker buschig; stark verzweigt; bis 50 cm hoch.

Blatt: Fein gefiedert.

Blüte: Juni–Juli; gelbe Röhrenblüten, weiße Zungenblüten; hohler Blütenboden.

Frucht: Achänen.

Standort: Sonnig; humusreiche, leicht lehmige Böden.

Vermehrung/Pflege: Kamille wird durch Direktaussaat im April vermehrt.

Ernte: Während des ganzen Sommers werden Blütenköpfchen geerntet und schonend getrocknet.

Verwendung: Die Blüten werden frisch oder getrocknet zur Herstellung von Kräuterbowlen oder als Teeaufguss verwendet.

Gefahren: Kamillentee ist nicht zum Dauergebrauch geeignet. Eine Überdosierung kann zu Schwindel und Nervosität führen. Der häufige Umgang mit getrockneten Kamillenblüten kann Allergien auslösen.

Hinweis: Kamille ist eine uralte Heilpflanze. Im alten Ägypten wurde sie als Blume des Sonnengottes verehrt. Dioskurides beschrieb Kamille und auch die Klosterheilkunde bediente sich der Heilkraft der Pflanze. Kamille wird innerlich bei Erkrankungen im Magen- und Darmbereich, bei Verdauungsstörungen sowie bei Menstruationsbeschwerden verwendet. Äußerlich wird Kamille in Form von Salben, Umschlägen und Bädern bei Entzündungen der Haut und der Schleimhäute angewendet.

Kapuzinerkresse
Tropaeolum majus

Wuchs: Buschig, niederliegend oder rankend; Triebe bis zu 3 m lang.

Blatt: Rundlich bis schildförmig; entfernt gekerbt; hellgrün, teilweise bläulich bereift.

Blüte: Juli–Oktober; gelb, orangerot oder rot; Trichterblüten, gespornt; duftend.

Frucht: Schließfrüchte.

Standort: Sonnig; nahrhafte, durchlässige, frische Böden.

Vermehrung/Pflege: Große Kapuzinerkresse wird durch Aussaat vermehrt.

Ernte: Während des ganzen Sommers können bei Bedarf frische Blätter, Blüten, Blütenknospen und unreife Samen geerntet werden.

Verwendung: Blätter und Blüten werden als Salat angemischt oder Salaten beigemengt. Fein geschnittene Blätter werden auf Butterbrot oder in Kräuterquark gegessen. Geschlossene Blütenknospen und unreife Samen werden mit Gewürzen in Essig eingelegt und in der Küche als Kapernersatz verwendet. Die Blüten werden zum Garnieren verschiedener Speisen verwendet.

Gefahren: Bei Berührung der Pflanze können Hautreizungen ausgelöst werden. Der Genuss allzu vieler Blätter kann zu Magen- und Darmreizungen führen.

Hinweis: Kapuzinerkresse wurde im 17. Jahrhundert nach Europa gebracht und seither als Zierpflanze in Gärten angebaut. Die Pflanze ist reich an antibiotischen Substanzen und wurde von den Indianern Südamerikas zur Wundheilung verwendet.

Katzenminze

Nepeta cataria

Wuchs: Aufrecht; lockerbuschig; bis 100 cm hoch.

Blatt: Oval; grob gezähnt; lang zugespitzt; graugrün.

Blüte: Juni–September; rosaweiß; Scheinquirle.

Frucht: Klausenfrüchte.

Standort: Sonnig bis halbschattig; nahrhafte, durchlässige Böden.

Vermehrung/Pflege: Katzenminze wird durch Aussaat im Frühjahr oder durch Teilung der Pflanzen nach der Blüte vermehrt. Die Jungpflanzen werden in einem Abstand von etwa 40 × 40 cm gepflanzt. Nach dem ersten Blütenflor kann die Pflanze zurückgeschnitten werden, um das Wachstum eines zweiten Blütenflores anzuregen.

Ernte: Junge Blätter werden während des ganzen Jahres gesammelt und frisch verzehrt. Ganze Triebe werden zur Blütezeit geschnitten und getrocknet.

Verwendung: Das Kraut wird frisch oder getrocknet als Gewürz für Suppen und Saucen verwendet. Die Blüten gelten als Würze oder werden als Bestandteil von Teemischungen verwendet.

Hinweis: Katzenminze wurde bis ins späte Mittelalter als Heilpflanze bei Erkältungskrankheiten und bei Verdauungsbeschwerden angewendet.

Kerbel

Anthriscus cerefolium

Wuchs: Aufrecht, 30–60 cm hoch.
Blatt: 3–4fach gefiedert; hellgrün.
Blüte: Mai–August; weiß; Dolden.
Frucht: Spaltfrüchte.
Standort: Halbschattig; lockere, mäßig feuchte Böden.
Vermehrung/Pflege: Kerbel wird ab März im Freiland in Reihen mit 30 cm Abstand gesät. Folgeaussaaten sind bis August möglich.
Ernte: Junge Blätter werden vor der Blüte geerntet und frisch verwendet. Für Heilzwecke wird das ganze blühende Kraut geerntet und anschließend getrocknet.
Verwendung: Frische Blätter werden als Beigabe von Suppen, Saucen, Quark und Salaten verwendet. Dabei sollen die Blätter nicht mitgekocht werden, sie verlieren sonst viel von ihrem Aroma.

Hinweis: Kerbel war als Heil- und Gewürzpflanze bereits in der Antike bekannt. Es wurde von Karl dem Großen empfohlen und in den Klostergärten des Mittelalters angebaut. Die Volksheilkunde verwendet Kerbel bis heute in Form von Saft oder Tee zu Frühjahrskuren. Das Kraut gilt als wassertreibend und blutreinigend.

Klee, Wiesen-
Trifolium pratense

6-9

Wuchs: Aufrecht, 20–30 cm hoch.
Blatt: Wintergrün; 3-teilig; Blättchen elliptisch bis rundlich; ganzrandig; weiß gefleckt.
Blüte: Mai–Oktober; purpurrot oder rosa; Köpfchen.
Frucht: Hülsen.
Standort: Sonnig; nahrhafte, frische Lehmböden.
Vermehrung/Pflege: Einmal im Garten angesiedelt, ist Klee kaum wieder zu entfernen. Sinnvoller ist es, Klee auf Wiesen in der Umgebung zu sammeln.
Ernte: Während des ganzen Sommers können Wiesen-Kleeblätter und -blüten gesammelt werden.
Verwendung: Junge Blätter und Triebe werden als Spinatkräuter verwendet. Blätter und Blüten werden getrocknet und als Teekräuter verwendet.
Hinweis: Schon vor Jahrhunderten galt Klee als Wundermittel gegen verschiedene Krankheitsbilder. Die Volksheilkunde verwendet Wiesen-Klee bei Krankheiten wie Durchfall, Bronchitis, Hautproblemen und Depressionen. Heute gilt das Kraut als wirksam gegen Beschwerden in den Wechseljahren der Frau.

Knoblauch

Allium sativum

Wuchs: Aufrecht; bis 80 cm hoch; eintriebig.
Blatt: Linealisch; ganzrandig; zugespitzt; meist hängend; graugrün.
Blüte: Mai–Juni; rötlich weiß; halbkugelige Dolden; anfangs von einem Hochblatt umgeben; meist steril.
Frucht: Knoblauch fruchtet selten.
Standort: Sonnig; gut durchlässige Böden.
Vermehrung/Pflege: Im zeitigen Frühjahr oder im Spätsommer werden einzelne Zehen oder Brutzwiebeln 5 cm tief in den Boden gesteckt. Der Reihenabstand beträgt 15 cm.
Ernte: Die Zwiebeln sind reif, sobald das Laub im Hochsommer vergilbt ist. Sie werden ausgegraben, kurz getrocknet und in einem luftigen Raum gelagert. Brutzwiebeln und frische Blätter können bei Bedarf geerntet und direkt verwendet werden.
Verwendung: Knoblauch wird frisch oder getrocknet zum Würzen von Salaten, Suppen, Fleisch und Gemüse verwendet.
Hinweis: Knoblauch wird seit 5000 Jahren kultiviert. Es ist bekannt, dass Ägypter, Phönizier, Römer, Griechen und Germanen den Knoblauch als Gewürz und auch als Heilmittel sehr schätzten. Knoblauch gilt als wirksam bei Blähungen, bei chronischen Darminfektionen und bei Erkrankungen der Atemwege. Knoblauchkapseln werden heute auch zur Vorbeugung von altersbedingten Gefäßveränderungen, zur unterstützenden Behandlung von Bluthochdruck und bei erhöhten Blutfettwerten angewendet.

Knorpelmöhre

Ammi majus

Wuchs: Rosettig; Blütentriebe straff aufrecht; 30–100 cm hoch.

Blatt: Fein gefiedert.

Blüte: Juni–Oktober; weiß; zusammengesetzte Dolden.

Frucht: Spaltfrüchte.

Standort: Sonnig bis halbschattig; nahrhafte, mäßig trockene Böden.

Vermehrung/Pflege: Die Knorpelmöhre wird ab April im Freiland ausgesät. Der Reihenabstand beträgt 30 cm.

Ernte: Junge Blätter werden bei Bedarf und reife Früchte im Herbst geerntet.

Verwendung: Frische oder getrocknete Früchte können wie Kümmel als Gewürz verwendet werden, frische Blätter ähneln Petersilie.

Gefahren: Vorsicht im Umgang mit der Pflanze, fototoxische Substanzen können bei empfindlichen Personen eine Kontaktdermatitis erzeugen.

Hinweis: Die Knorpelmöhre wird auch pharmazeutisch verwendet. Der Extrakt wirkt innerlich wie äußerlich bei Schuppenflechte und bei Weißhäutigkeit.

Koriander
Coriandrum sativum

Wuchs: Aufrecht; verzweigt; 50–70 cm hoch.
Blatt: Untere Blätter dreilappig; obere Blätter fiederteilig.
Blüte: Juni–August; weiß bis zartrosa; Dolden.
Frucht: Spaltfrüchte.
Standort: Sonnig; gut durchlässige, warme Böden.
Vermehrung/Pflege: Koriander wird durch Direktaussaat im Frühling in den schon erwärmten Boden gesät. Der Reihenabstand beträgt etwa 30 cm, der Pflanzenabstand in den Reihen etwa 10–15 cm.
Ernte: Blätter werden im Frühjahr geerntet und frisch verwendet. Früchte werden kurz vor der Vollreife geerntet und getrocknet.
Verwendung: Korianderblätter sind Bestandteil von asiatischen Würzmischungen wie das indische Curry. Viel häufiger werden die getrockneten Früchte verwendet. Die Körner werden als Lebkuchengewürz, als Gewürz von eingemachtem Kürbis und Roter Beete sowie zum Würzen von Soßen und Marinaden verwendet.
Hinweis: Koriander zählt zu den ältesten uns bekannten Gewürzpflanzen. Bei uns wird Koriander seit dem Mittelalter in Klostergärten und später auch in Bauerngärten angebaut. Koriander ist häufig Bestandteil von Teemischungen zur Behandlung von Verdauungsstörungen und krampfartigen Magen-Darm-Störungen. Koriander ist Rohstoff für die Likörindustrie.

Kresse, Garten-

Lepidium sativum

Wuchs: Aufrecht, 30–50 cm hoch.

Blatt: Grundblätter fiederteilig; obere Blätter länglich-eiförmig; blaugrün.

Blüte: Mai–Juli; weiß; Trauben.

Frucht: Schötchen.

Standort: Sonnig bis halbschattig; wächst auf jedem Gartenboden.

Vermehrung/Pflege: Kresse wird ab März durch Aussaat im Freiland vermehrt. Die Kulturzeit ist ausgesprochen kurz, Kresse muss ständig nachgesät werden. Unter Glas kann das Kraut ganzjährig kultiviert werden.

Ernte: Bei Bedarf werden junge Blätter geschnitten und stets frisch verwendet.

Verwendung: Frische Kresse ist pikant und passt gut zu Salat, Eiern und Quark. Sie schmeckt gut auf Butterbrot und eignet sich zum Garnieren von Fischgerichten, Salat und Gemüse.

Hinweis: Garten-Kresse wurde bereits von Karl dem Großen empfohlen und in unseren Klostergärten kultiviert. Die Volksmedizin schätzt die Garten-Kresse bis heute zur Anwendung bei Frühjahrskuren.

Kümmel, Wiesen-

Carum carvi

Wuchs: Rosettig; Blütentriebe aufrecht; verzweigt; bis 120 cm hoch.

Blatt: Wintergrün; 2–3fach gefiedert.

Blüte: Mai–Juli; weißen, (selten) rosafarben; Dolden.

Frucht: Spaltfrüchte.

Standort: Sonnig bis halbschattig; tiefgründige, nahrhafte, frische Böden.

Vermehrung/Pflege: Kümmel wird im Frühjahr oder Spätsommer durch Direktaussaat vermehrt. Der Reihenabstand beträgt 30–35 cm. Kümmel ist Lichtkeimer, das Saatbeet darf nur dünn mit Erde abgedeckt werden.

Ernte: Im ersten Jahr können nur junge Blätter geerntet werden, im zweiten Jahr die reifen Samen.

Verwendung: Junge Blätter werden genau wie Blüten oder Wurzeln zum Würzen von Salaten verwendet. Sehr viel verbreiteter ist jedoch die Verwendung der getrockneten Samen als Gewürz von Fleischgerichten, Kohl, Käse oder Quark.

Hinweis: Kümmel wird bereits in antiken Quellen als Gewürz beschrieben und erfreut sich bis heute großer Beliebtheit. Die Ärzte der Antike nutzten Kümmel als Mittel gegen Nasenbluten, Oberbauch- und Atembeschwerden. Kümmeltee wird heute bei Völlegefühl, bei krampfartigen Beschwerden im Magen-Darm-Bereich, bei Blähungen und bei Gallenbeschwerden angewendet. Kümmel ist Rohstoff zur Herstellung von Likör und Branntwein.

Lavendel

Lavandula angustifolia

Wuchs: Buschig; verzweigt; 30–60 cm hoch; im unteren Bereich verholzend.

Blatt: Immergrün; länglich; silbriggrau; schmal; eingerollt.

Blüte: Juni–August; blau oder lilafarben; zu Quirlen angeordnete Ähren.

Frucht: Klausenfrüchte.

Standort: Sonnig; gut durchlässige, kalkhaltige, trockene Böden.

Vermehrung/Pflege: Lavendelarten werden durch Aussaat oder seltener durch Stecklinge vermehrt. Bei rauem Klima ist Winterschutz erforderlich.

Ernte: Junge Blätter können während der gesamten Vegetationsperiode geerntet werden. Die Blütenstiele werden nach ihrem vollständigen Aufblühen geerntet, gebündelt und getrocknet.

Verwendung: Junge Blätter werden in geringen Mengen als Würze für Fischgerichte, Eintopf und Geflügel verwendet. Getrocknete Blüten werden für den Aufguss von Tee verwendet und eignen sich als Garnierung von Süßspeisen oder zur Herstellung von Lavendelzucker.

Hinweis: Die Heilkräfte dieser Pflanze wurden erstmals von Hildegard von Bingen beschrieben. Lavendelblüten werden als Tee oder in Teemischungen bei Unruhe, bei Einschlafstörungen sowie bei Migräne verwendet. Lavendel ist wirksam gegen Motten und wird zusammen mit Melisse und Hopfen in Schlaf- und Kräuterkissen verwendet. Die Kosmetikindustrie verarbeitet Lavendelöl in großen Mengen.

Lein

Linum usitatissimum

5-8

Wuchs: Straff aufrecht; im oberen Bereich verzweigt; bis 100 cm hoch.
Blatt: Schmal lanzettlich; sitzend; klein.
Blüte: Juni–August; hellblau (gelegentlich weiß) mit deutlichen Adern; leicht duftend.
Frucht: Kapseln.
Standort: Sonnig; nahrhafte, gut durchlässige Böden.
Vermehrung/Pflege: Lein wird durch Direktaussaat im Frühjahr vermehrt.
Ernte: Blätter können während der gesamten Vegetationsphase geerntet werden. Die Samen reifen im Sommer.
Verwendung: Frische Blätter werden als Beigabe zu Salaten verwendet. Leinsamen werden häufig in Müsli gemischt oder zum Backen verwendet. Leinöl gilt als wertvolles Speiseöl.

Hinweis: Leinkraut wird schon seit vorgeschichtlicher Zeit als Öl- und Faserpflanze angebaut. Die Volksmedizin verwendet Leinsamen seit Menschengedenken vor allem als mildes Abführmittel. Leinsamenschleim wirkt bei entzündlichen Erkrankungen des Magen-Darm-Kanals. Der Aufguss hat sich als Gurgelmittel bei Entzündungen im Mund- und Rachenraum bewährt und hilft bei Reizhusten und Heiserkeit. Warme Breiumschläge aus zerstoßenen Samen sind wirksam bei Wunden und Hautentzündungen. Leinöl ist Rohstoff zur Herstellung von Ölfarben, Firnissen und Linoleum. Flachsfasern werden von der Bekleidungsindustrie verarbeitet und sind chirurgisches Nahtmaterial.

Liebstöckel

Levisticum officinalis

Wuchs: Buschig; bis 250 cm hoch.
Blatt: 2–3fach gefiedert; Fiederblättchen rautenförmig, grob gesägt; spitz; glänzend.
Blüte: Juli–August; gelbgrün; Dolden.
Frucht: Spaltfrüchte.
Standort: Sonnig bis halbschattig; tiefgründige, nahrhafte Böden.
Vermehrung/Pflege: Liebstöckel wird durch Aussaat im Frühjahr oder im Spätsommer oder durch Teilung der Wurzelstöcke im Herbst vermehrt.
Ernte: Junge Blätter werden im Frühjahr gesammelt, reife Samen im Sommer. Wurzeln werden bei Bedarf im Herbst ausgegraben und gut getrocknet.
Verwendung: Die frischen Blätter würzen Salate, Suppen, Eintöpfe und Fleischgerichte, zerdrückte Samen würzen Brot. Die Wurzeln werden zur Herstellung von Tee verwendet.
Gefahren: Liebstöckel hat schwach fototoxische Eigenschaften. Liebstöckeltee soll wegen der reizenden Eigenschaften des ätherischen Öls nicht bei akuten Entzündungen der ableitenden Harnwege oder bei Schwangerschaft getrunken werden.
Hinweis: In unserem Volksglauben ist Liebstöckel als eine alte Heil- und Zauberpflanze verankert und wurde auch in den Klostergärten des Mittelalters kultiviert. Liebstöckel wird als Tee zur Durchspülung bei entzündlichen Erkrankungen der Harnwege verwendet. Industriell wird Liebstöckel zur Aromatisierung von Likören und Magenschnäpsen verwendet.

Löwenzahn

Taraxacum officinale

Wuchs: Rosettig; Blütenstängel aufrecht; bis 30 cm hoch.

Blatt: Länglich; gezähnt bis fiederlappig.

Blüte: April–Juni; nur aus Zungenblüten bestehende Korbblüten.

Frucht: Achänen.

Standort: Sonnig; nahrhafte, frische Ton- und Lehmböden.

Vermehrung/Pflege: Löwenzahn wird durch Aussaat vermehrt. Ist die Pflanze einmal im Garten angesiedelt, ist darauf zu achten, dass sie sich nicht unkontrolliert vermehren kann.

Ernte: Bei Bedarf werden frische, junge Blätter geerntet. Wurzeln werden am besten im Frühjahr oder im Herbst gesammelt.

Verwendung: Die bitter-aromatisch schmeckenden jungen Blätter werden zum Zubereiten von Frühlingssuppen oder Salaten verwendet. Die Wurzeln können als Gemüse zubereitet werden oder werden geröstet und als Kaffeeersatz verwendet. Arzneitee wird aus getrockneten Wurzeln und/oder Blättern hergestellt.

Gefahren: Der Milchsaft gilt als schwach giftig. Bei Berührung kann eine Kontaktdermatitis ausgelöst werden.

Hinweis: Die Verwendung des Löwenzahns als Heilpflanze lässt sich bis in den arabischen Raum zurückverfolgen. Unsere Volksmedizin nutzt den Löwenzahn bei rheumatischen Erkrankungen, bei Ekzemen und als leichtes Abführmittel. Die frischen jungen Blätter werden in Form von Presssaft zu Frühjahrskuren verwendet.

Lorbeer
Laurus nobilis

6-8

Wuchs: Aufrecht; verzweigt; am Naturstandort bis 10m hoch.

Blatt: Immergrün; elliptisch; zugespitzt; oft wellig; ledrig; glänzend dunkelgrün Blätter.

Blüte: März–Mai; weißlich; Büschel; duftend.

Frucht: Beeren.

Standort: Sonnig; nahrhafte Böden.

Vermehrung/Pflege: Lorbeer wird durch Stecklinge im Sommer vermehrt. Die Kübelpflanzen sollten den Sommer im Freien verbringen und müssen während der Vegetationsperiode reichlich gewässert und gedüngt werden. Lorbeer wird wie nahezu alle Kübelpflanzen hell und kühl überwintert.

Ernte: Im Sommer werden Blätter oder Triebspitzen bei Bedarf geerntet und frisch verbraucht. Zum Anlegen von Wintervorräten werden einzelne, nicht beschädigte Blätter gepflückt und schonend getrocknet.

Verwendung: Lorbeerblätter sind ein beliebtes Gewürz für Suppen, Saucen, Krautgerichte, Wild- und Fischgerichte.

Gefahren: Lorbeerlaub und -früchte gelten als sehr schwach giftig. Sie können hautreizend und allergieauslösend wirken.

Hinweis: Lorbeer wird im Mittelmeerraum seit langer Zeit als Gewürz- und Heilpflanze kultiviert. Bei uns ist die Pflanze bereits seit der Zeit Karls des Großen bekannt und wurde in den Klostergärten kultiviert. Die Volksheilkunde verwendet Lorbeerblätter bis heute als appetitanregendes und verdauungsförderndes Gewürz.

Mädesüß

Filipendula ulmaria

Wuchs: Aufrecht; wenig verzweigt; bis 100 cm hoch; rötlich überlaufen.

Blatt: Unpaarig gefiedert mit großen und kleinen Fiederblättchen; Blättchen dunkelgrün, gesägt bis gekerbt, unterseits silbrig behaart, mit ausgeprägter Nervatur.

Blüte: Juni–August; cremeweiß; rispenartige Trugdolden.

Frucht: Kapseln.

Standort: Sonnig bis halbschattig; nahrhafte, nasse Böden.

Vermehrung/Pflege: Mädesüß kann durch Aussaat im Frühjahr oder durch Teilung von älteren Wurzelstöcken im Herbst vermehrt werden.

Ernte: Im Sommer werden junge Blätter und voll entwickelte Blüten geerntet und frisch oder getrocknet verwendet.

Verwendung: Frische Blätter sind eine beliebte Beigabe von Salaten und Suppen. Die Blüten werden zum Kochen von Marmelade, zum Garnieren von Speisen sowie zum Herstellen von Kräuterweinen und Desserts verwendet.

Hinweis: Mädesüß ist eine uralte Heilpflanze. Sie war den Druiden heilig. Bis heute wird sie in jedem Kräuterbuch beschrieben. Mädesüßtee wird zu Schwitzkuren gegen beginnende Erkältungen verwendet. Das Kraut ist auch Bestandteil von Teemischungen gegen Rheuma und Gicht. Als Färberpflanze hat Mädesüß eine lange Tradition.

Majoran

Origanum majorana

Wuchs: Buschig; stark verzweigt; 50 cm hoch; flaumig behaart; teilweise rötlich überlaufen.

Blatt: Spatelförmig; ganzrandig; beiderseits flaumig behaart; grün; klein.

Blüte: Juli–August; hellrot bis weiß; mit graugrünen Hochblättern; Scheinähren.

Frucht: Klausenfrüchte.

Standort: Sonnig; durchlässige, nahrhafte, leichte Böden.

Vermehrung/Pflege: Majoran wird durch Aussaat mit Vorkultur ab März oder durch Direktaussaat ab Mai im Freiland vermehrt. Majoran muss in jedem Jahr an einem neuen Standort kultiviert werden.

Ernte: Junge Blätter und Triebe können während der gesamten Vegetationsperiode gesammelt und frisch verzehrt werden. Zum Anlegen von Vorräten werden krautige Pflanzenteile während der Blütezeit gesammelt und getrocknet.

Verwendung: Majoran wird frisch oder getrocknet als Gewürz von deftigen Speisen wie Eintöpfen, Fleischgerichten und Aufläufen verwendet.

Hinweis: Majoran ist seit der Antike als Gewürz bekannt. Im Altertum war die Pflanze der Aphrodite geweiht. Seit dem 16. Jahrhundert ist das Kraut auch in unseren Breiten bekannt. Die Volksheilkunde verwendet einen Teeaufguss bei Magen- und Darmbeschwerden, Blähungen und Kopfschmerzen. Extrakte oder das ätherische Öl sind in Gurgelwässern und Badezusätzen enthalten.

Malve, Wilde

Malva sylvestris

Wuchs: Straff aufrecht; stark verzweigt; bis 120 cm hoch; behaart.
Blatt: Handförmig gelappt; behaart.
Blüte: Juni–September; violettrosa, dunkel gestreift; achselständig.
Frucht: Kapseln.
Standort: Sonnig; gut durchlässige, nahrhafte, kalkhaltige Böden.
Vermehrung/Pflege: Malven werden durch Aussaat im Frühjahr oder seltener im Herbst vermehrt. Da die Saat sehr unregelmäßig keimt, ist es sinnvoll, die Pflanzen in Schalen vorzuziehen. Der Pflanzabstand beträgt 30–40 cm.
Ernte: Junge Blätter werden bei Bedarf im Frühjahr geerntet. Im Sommer werden einzelne Blüten geerntet oder das ganze Kraut wird geschnitten und getrocknet.
Verwendung: Junge Blätter und Triebe können als Beigabe von Salaten oder Gemüse verwendet werden. Die Blüten eignen sich zur Garnierung von Desserts und Salaten. Malvenblüten sind Bestandteil von vielen Teemischungen.
Hinweis: Die Malve war bereits im Altertum eine geschätzte Arznei- und Gemüsepflanze. In der Volksmedizin ist Malventee sehr beliebt. Malvenblüten, seltener Malvenblätter, werden als Tee bei Entzündungen der oberen Luftwege, bei Schleimhautentzündungen in Magen und Darm und bei Schleimhautreizungen im Mund- und Rachenraum angewendet. Die Blüten sind häufig Schmuckdroge in Teemischungen oder werden zum Färben von Lebensmitteln verwendet.

Mariendistel

Silybum marianum

5-9

Wuchs: Rosettig; Blütentriebe aufrecht; verzweigt; bis 200 cm hoch.

Blatt: Gelappt; Ränder bedornt; dunkelgrünen, weiß marmoriert.

Blüte: Juni–August; purpurrosa; mit stacheligen Hüllblättern.

Frucht: Achänen.

Standort: Sonnig; durchlässige Böden.

Vermehrung/Pflege: Die Mariendistel wird ab Ende April direkt ins Freiland in Reihen mit 30 cm Abstand gesät. Später werden die Sämlinge auf einen Abstand von 40 cm vereinzelt.

Ernte: Junge Blätter können von Mai bis Juni gepflückt werden. Junge Stängel und Blütenknospen werden im Juni und Juli geerntet. Zur Saatgutgewinnung werden Blütenköpfe im Sommer geschnitten und getrocknet.

Verwendung: Junge Stängel der Mariendistel werden ähnlich wie Spargel zubereitet. Die Blüten sind zum Garnieren von Speisen geeignet. Blätter und Samen werden zur Zubereitung von Tee verwendet.

Hinweis: Die Mariendistel wurde zwar von den Botanikern der Antike beschrieben, in der Heilkunde wurde sie aber nur selten verwendet. Ihren festen Platz fand die Pflanze erst in der mittelalterlichen Klosterheilkunde. Die Volksheilkunde kennt die Verwendung von Mariendistelkraut zur Behandlung von Leber- und Gallenleiden.

Meerfenchel

Crithmum maritimum

5-9

Wuchs: Buschig; 20–40 cm hoch.
Blatt: Schmal lanzettlich; ganzrandig; spitz; blaugrün.
Blüte: Juli–September; gelblich grün; Dolden.
Frucht: Spaltfrüchte.
Standort: Sonnig; gut durchlässige, steinige Böden.
Vermehrung/Pflege: Meerfenchel wächst bei uns in günstigen Lagen in Steingärten. Dabei ist ausreichender Winterschutz erforderlich. Meer-Fenchel kann auch in Töpfen kuliviert werden. Die Pflanzen werden durch Aussaat im Frühjahr vermehrt und können mehrere Jahre am selben Standort verweilen.
Ernte: Während des ganzen Sommers können frische Blätter geerntet werden. Zum Trocknen ist Meerfenchel nicht geeignet.
Verwendung: Die aromatisch-salzigen Blätter werden roh oder mariniert zum Zubereiten von Salat verwendet. Eingelegt in Essig oder Öl gelangten sie einst sogar in den Handel.
Hinweis: Schon im 15. und 16. Jahrhundert wurde der Meerfenchel an den felsigen Stränden des Mittelmeers geerntet. Die Blätter wurden eingelegt und so für viele Monate haltbar gemacht. Seeleute führten sie als Proviant mit. Aufgrund seines hohen Vitamin-C-Gehaltes galt Meerfenchel als vorbeugendes Mittel gegen Skorbut.

Meerrettich

Armoracia rusticana

Wuchs: Rosettig; Blütentriebe aufrecht; bis 120 cm hoch.

Blatt: Untere Blätter eilänglich; bis 100 cm lang; gestielt; gekerbt; mittlere Blätter fiederspaltig; oberen Blätter lanzettlich bis linealisch.

Blüte: Mai–Juli; die weiß; Trauben.

Frucht: Schötchen, die Samen sind meist taub.

Standort: Sonnig bis absonnig; tiefgründige, nahrhafte, feuchte Böden.

Vermehrung/Pflege: Meerrettich wird im März durch das Pflanzen von Wurzelablegern (Fechser) vermehrt. Das stark wuchernde Kraut wird in großen Abständen gepflanzt.

Ernte: Die Wurzeln können ganzjährig geerntet werden. Zum Anlegen von Wintervorräten werden Wurzeln im Herbst ausgegraben und an einem kühlen, frostfreien Platz in feuchten Sand eingeschlagen.

Verwendung: Die Meerettichwurzeln werden geschält, gerieben und als scharfe Würze zu Fleisch, Fisch oder in Quark oder Sahne gegeben.

Hinweis: Meerrettich war als Heil- und Gewürzpflanze bereits in der Antike bekannt. Bei uns wurde der Meerrettich erstmals in den Klostergärten des Mittelalters angebaut. Die Volksheilkunde verwendet Meerrettich bis heute bei Verdauungsstörungen, bei Husten, bei infizierten Wunden und Insektenstichen, bei Blasen- und Nierenleiden sowie bei Rheuma.

Melde, Garten-
Atriplex hortensis

5-9

Wuchs: Straff aufrecht; bis 125 cm hoch.
Blatt: Untere Blätter dreieckig bis herzförmig; gezähnt; obere Blätter spießförmig bis lanzettlich; grün oder rot.
Blüte: Juli–August; gelblich weiß; einhäusig; männlichen Blüten mit Hüllblättern.
Frucht: Schließfrüchte.
Standort: Sonnig; nahrhafte, frische Böden.
Vermehrung/Pflege: Die Garten-Melde wird durch breitwürfige Aussaat im Frühjahr vermehrt. Nach der Fruchtreife sät sich die Pflanze stark aus.
Ernte: Blätter und Triebspitzen der Garten-Melde können während des ganzen Sommers geerntet werden.
Verwendung: Garten-Melde wird frisch oder tiefgefroren als Blattgemüse (Spinatersatz) verwendet.

Hinweis: Die Garten-Melde wird vermutlich seit mehreren tausend Jahren kultiviert. Bei uns kommt sie als grün- und als rotlaubige Pflanze vor. Einmal im Garten kultiviert, verwildert sie sehr schnell. Melde kann ohne das Anlegen von neuen Kulturen in jedem Jahr geerntet werden.

Minze
Mentha spec.

5-8

Wuchs: Dichtbuschig; 60–80 cm hoch; Ausläufer treibend.

Blatt: Eiförmig bis elliptisch; teilweise gesägt; dunkelgrün, teilweise rötlich überlaufen.

Blüte: Juli–August; rosa bis violett; Scheinähren oder achselständige Scheinquirle.

Frucht: Minzen sind meist steril.

Standort: Sonnig bis halbschattig; nahrhafte, feuchte Böden.

Vermehrung/Pflege: Viele der im Handel erhältlichen Formen sind steril. Sie können nur vegetativ vermehrt werden und neigen trotzdem zu spontanen Veränderungen.

Ernte: Junge Blätter und Triebe werden bei Bedarf geerntet. Zum Anlegen von Vorräten wird das Kraut kurz vor der Blüte geschnitten, gebündelt und getrocknet.

Verwendung: Frische Minzblätter werden in der Küche vor allem zum Würzen von Lammbraten und Saucen, aber auch zum Zubereiten von Süßspeisen wie Jogurt, Obstsalat oder Eis gebraucht. Außerdem werden sie zum Zubereiten von Tee oder auch als Garnierung für Getränke verwendet.

Gefahren: Pfefferminzöl löst in seltenen Fällen allergische Reaktionen aus.

Hinweis: Die aromatischen Minzen werden seit Jahrtausenden in Küche und Medizin verwendet. *Mentha × piperita* wurde erstmals Ende des 17. Jahrhunderts in England beschrieben. Pfefferminztee wird heute bei krampfartigen Bauchschmerzen verwendet.

Mentha spec. **'Basil'**
Dichtbuschig; 30–70 cm hoch.
Blätter rundlich; ganzrandig; sattgrün; mit ausgeprägter Nervatur.
Die würzigen, frischen Blätter werden wie Basilikum als Gewürz für Salate verwendet.

Mentha spec. **'Hillary's Sweet Lemon'**
Dichtbuschig; 30–60 cm hoch.
Blätter lanzettlich; grob gesägt; sattgrün; mit ausgeprägter Nervatur.
Die Süße Limonenminze ist sehr süß und eignet sich gut zur Herstellung von Desserts oder Drinks.

Mentha spec. **'Hollandia'**
Dichtbuschig; 50–100 cm hoch.
Blätter elliptisch bis eiförmig; gesägt; hellgrün; flaumig behaart.
Die Blätter werden gern als fruchtig schmeckender Tee oder als Beigabe von Süßspeisen verwendet.

Mentha spec. **'Lavendel'**
Dichtbuschig; 40–80 cm hoch.
Blätter elliptisch bis eiförmig; gesägt; zugespitzt; leicht behaart.
Die Blätter werden als Zugabe in Süßspeisen oder zum Ansetzen von Erkältungsbädern verwendet.

Mentha spec. **'Nemorosa'**
Dichtbuschig; 40–80 cm hoch.
Blätter elliptisch bis eiförmig; gesägt; zugespitzt; runzelig; leicht behaart.
Frische Blätter werden als Zugabe von Longdrinks (Mojito: Rum, Zucker, Zitrone) verwendet.

Mentha spec. **'Polymentha'**
Dichtbuschig; 50–100 cm hoch.
Blätter elliptisch bis eiförmig; grob gesägt; zugespitzt.
Die Russische Minze (Vivil-Minze) eignet sich wegen der Schärfe ihres Aromas zur Herstellung von Tee.

Mentha spec. **'Thai Bai Saranae'**
Dichtbuschig; 40–80 cm hoch.
Blätter elliptisch bis eiförmig; gesägt; zugespitzt; im Austrieb kraus.
Die Thailändische Minze ist ein elementares Gewürz für scharfe asiatische Fleischgerichte.

Mentha spec. **'White Peppermint'**
Dichtbuschig; 40–80 cm hoch.
Blätter elliptisch bis eiförmig; gesägt; zugespitzt.
Wegen ihres intensiven Aromas ist die Weiße Minze gut als Gewürz von Fleischgerichten, Salaten und Gemüse geeignet.

Mentha spicata 'Black Spearmint'
Dichtbuschig; 40–90 cm hoch.
Blätter schmal elliptisch bis eiförmig; gesägt.
Die Dunkle Spearmint wird wegen ihres intensiven Pfefferminzaromas gern zur Zubereitung von Desserts, Tees und Likören verwendet.

Mentha spicata 'Englische Grüne'
Dichtbuschig; 40–80 cm hoch.
Blätter elliptisch bis eiförmig; gesägt; zugespitzt; runzelig.
Die Englische Grüne Minze wird zum Würzen von Lammgerichten und Gemüse verwendet.

Mentha × piperita 'Bergamotte'
Dichtbuschig; 40–90 cm hoch; Ausläufer treibend. Blätter elliptisch bis eiförmig; wenig gesägt; abgerundet; rau.
Diese Sorte ist für Mischungen mit Schwarztee geeignet.

Mentha × piperita 'Eau-de-Cologne'
Dichtbuschig; 40–80 cm hoch.
Blätter elliptisch bis eiförmig; wenig gesägt; abgerundet; rau.
Diese Minze ist zur Herstellung von Kräuterbädern gut geeignet

Mentha × piperita 'Lemon'
Dichtbuschig; 30–70 cm hoch.
Blätter elliptisch bis eiförmig; wenig gesägt; abgerundet; rau.
Mit ihrem säuerlich-fruchtigen Aroma ausgesprochen geeignet für Obstsalate und Mixgetränke.

Mentha × piperita 'Orange'
Dichtbuschig; 30–80 cm hoch.
Blätter elliptisch bis eiförmig; wenig gesägt; abgerundet; rau.
Das feine Aroma der Orangenminze entfaltet sich am besten in durstlöschenden Tees.

▲ **Mentha × piperita 'Mitcham'**
Dichtbuschig; 40–100 cm hoch.
Blätter elliptisch bis eiförmig; wenig gesägt; zugespitzt; rötlich überlaufen.
Diese recht alte Sorte hat heute eher historische Bedeutunng. Sie ist eine typische Teesorte.

Mentha × piperita 'Multimentha'
Dichtbuschig; 60–100 cm hoch.
Blätter elliptisch bis eiförmig; gesägt; zugespitzt; kraus.
Diese kräftige, aromatische Sorte eignet sich hervorragend als Teepflanze. ▼

Mentha × piperita 'Prosperina'
Dichtbuschig; 60–100 cm hoch.
Blätter elliptisch bis eiförmig; gesägt; zugespitzt; im Austrieb kraus.
Diese kräftige, aromatische Sorte ist ausgesprochen ertragreich.

Mentha × piperita 'Schokominze'
Dichtbuschig; 30–60 cm hoch.
Blätter elliptisch bis eiförmig; gesägt; zugespitzt; dunkelgrün.
Die Schokominze hat ein süßliches Aroma und wird zur Herstellung von Süßspeisen und Eis verwendet.

Minze, Korsische
Mentha requienii

Wuchs: Kriechend; 2 cm hoch; Polster bildend.
Blatt: Immergrün; rundlich; blassgrün.
Blüte: Juli–August; blassviolett; Scheinähren.
Frucht: Klausenfrüchte.
Standort: Schattig; nahrhafte, feuchte Böden.
Vermehrung/Pflege: Die Korsische Minze wird durch Aussaat vermehrt. An frostfreien Standorten bildet die Pflanze kriechende Polster und sät sich selbst aus. Diese Minze ist nicht ausreichend winterhart.
Ernte: Die Polster können wie Kresse geerntet werden.
Verwendung: Frische Blätter werden zur Herstellung von Desserts wie Minz-Sorbets verwendet.
Gefahren: Pfefferminzöl löst in seltenen Fällen allergische Reaktionen aus.
Hinweis: Die aromatischen Minzen werden seit Jahrtausenden in Küche und Medizin verwendet. Das Aroma der Korsischen Minze gilt als besonders intensiv.

Mönchspfeffer

Vitex agnus-castus

Wuchs: Aufrecht; verzweigt; 3–5 m hoch.
Blatt: Wintergrün; 5- bis 7-lappig; Blättchen lanzettlich; ganzrandig; lang zugespitzt; unterseits weißfilzig; duftend.
Blüte: Juli–September; lavendelblau; ährenartige Blütenstände; duftend.
Frucht: Scheinbeeren.
Standort: Sonnig; durchlässige, nahrhafte, feuchte Böden.
Vermehrung/Pflege: Mönchspfeffer wird durch Stecklinge im Sommer oder durch Teilung des Strauches vermehrt. Da die Pflanzen nur mäßig frosthart sind, ist für ausreichenden Winterschutz zu sorgen.
Ernte: Im Herbst werden reife, dunkelbraune Früchte gesammelt und getrocknet.
Verwendung: Die scharf schmeckenden Früchte gelten als Pfefferersatz.

Hinweis: Keuschlamm hat eine lange Kulturgeschichte. Schon in der griechischen Mythologie spielte er eine wesentliche Rolle. Die Pflanze war von jeher mit dem klösterlichen Leben verbunden. Die scharf schmeckenden Früchte wurden zur Beruhigung des Geschlechtstriebes (Mönchspfeffer) angewendet. Extrakte der Früchte sind heute Bestandteil von Fertigpräparaten, die bei Zyklusstörungen wie dem prämenstruellen Syndrom angewendet werden. Homöopathische Zubereitungen werden bei Potenzstörungen, bei Störungen des Milchflusses und bei klimakterischen Beschwerden angewendet.

Mohn, Schlaf-
Papaver somniferum

Wuchs: Aufrecht; im oberen Bereich verzweigt; 70–90 cm hoch.
Blatt: Länglich; unregelmäßig tief gezähnt; meist spitz; bläulich grün bereift.
Blüte: Juni–August; rosa, weiß oder violettfarben, innen gezeichnet.
Frucht: Kapseln.
Standort: Sonnig; durchlässige, nahrhafte Böden.
Vermehrung/Pflege: Mohn wird durch Aussaat ab April im Freiland vermehrt.
Ernte: Der reife Samen wird aus den trockenen, braunen Kapsel ausgeschlagen und nachgetrocknet.
Verwendung: Mohn wird in größeren Mengen in Bäckereien zur Herstellung von Kuchen, Brot und Brötchen verwendet.
Gefahren: Die ganze Pflanze ist mit Ausnahme der Samen giftig und sollte deshalb nicht im Garten angebaut werden.
Hinweis: Schlaf-Mohn zählt zu unseren ältesten Arznei- und Kulturpflanzen und wurde bereits im Altertum als Heilmittel genutzt. Auch in der Klosterheilkunde hatte der Schlafmohn einen festen Platz. Seit dem 17. Jahrhundert wurde die Pflanze, ausgehend von China, als Rauschdroge (Opium) missbraucht. Heute ist das Alkaloid Morphium Rohstoff für einige pharmazeutische Produkte. Schlaf-Mohn fällt unter das „Gesetz über den Verkehr mit Betäubungsmitteln“. Es dürfen nicht mehr als 25 Pflanzen angebaut und nicht mehr als 10 qm bepflanzt werden.

Mutterkraut
Tanacetum parthemium

Wuchs: Buschig; 60–80 cm hoch.
Blatt: Unpaarig gefiedert; Blättchen grob gezähnt bis fiederspaltig.
Blüte: Juni–September; gelb mit weißen Zungenblüten; Doldenrispen.
Frucht: Achänen.
Standort: Sonnig; durchlässige Böden.
Vermehrung/Pflege: Mutterkraut wird durch Aussaat ab März oder durch Teilung des Wurzelstockes im Herbst vermehrt. Der Pflanzenabstand beträgt 30 × 30 cm. Ein Rückschnitt nach der ersten Blüte fördert die Nachblüte.
Ernte: Bei Bedarf werden frische Blüten und Blätter den ganzen Sommer über geerntet. Zum Anlegen von Wintervorräten wird das ganze Kraut zur Blütezeit geschnitten, gebündelt und getrocknet.
Verwendung: Frische Blätter können auf Butterbrot gegessen werden. Blüten werden kurz überbrüht und Salaten beigemengt.
Gefahren: Die Berührung kann allergische Reaktionen auslösen. Mutterkraut darf nicht während der Schwangerschaft verzehrt werden.
Hinweis: Mutterkraut wird seit dem frühen Mittelalter in Gärten gepflanzt. Noch heute verwendet die Volksmedizin den Tee innerlich bei Menstruationsbeschwerden und bei Verdauungsstörungen sowie äußerlich zur Wundheilung bei Quetschungen und Schwellungen.

Myrte, Braut-

Myrtus communis

Wuchs: Aufrecht; locker buschig; am Naturstandort bis 5 m hoch.

Blatt: Immergrün; lanzettlich; ganzrandig; zugespitzt; ledrig; glänzend dunkelgrün.

Blüte: Juni–Oktober; weiß; einzeln stehend.

Frucht: Beeren.

Standort: Sonnig; nahrhafte Böden.

Vermehrung/Pflege: Myrte wird durch Stecklinge im Sommer vermehrt. Die Kübelpflanzen sollten den Sommer im Freien verbringen und müssen während der Vegetationsperiode reichlich gewässert und gedüngt werden. Myrte wird wie nahezu alle Kübelpflanzen hell und kühl überwintert.

Ernte: Bei Bedarf werden Blätter oder Beeren geerntet.

Verwendung: Blätter und Beeren werden frisch oder getrocknet zum Würzen und auch zum Aromatisieren von Likören verwendet.

Hinweis: Die Myrte wurde wegen ihrer mythologischen Bedeutung bereits in der Antike verehrt. Die Pflanze gilt seitdem als Symbol für Fruchtbarkeit, Keuschheit, Reinheit und Jungfräulichkeit. Sie wird bis heute als Brautschmuck verwendet. Myrte wurde früher auch als Heilpflanze sehr geschätzt. Ihr ätherisches Öl kann wie Eukalyptusöl bei Erkrankungen der Atemwege verwendet werden.

Pastinake
Pastinaca sativa

Wuchs: Rosettig; Blütentriebe straff aufrecht; im oberen Bereich verzeigt; 60–100 cm hoch.
Blatt: Wintergrün; unpaarig gefiedert; Blättchen eiförmig; grob gezähnt.
Blüte: Juli–August; gelb; Dolden.
Frucht: Spaltfrüchte.
Standort: Sonnig bis absonnig; nahrhafte, kalkhaltige, frische Böden.
Vermehrung/Pflege: Die Pastinake wird durch Direktaussaat im Frühjahr vermehrt. Der Pflanzenabstand beträgt etwa 30 × 30 cm.
Ernte: Die Wurzeln der Pastinake werden im Herbst des ersten Jahres geerntet. Dabei ist es wichtig, einige Pflanzen stehen zu lassen, um im Herbst des zweiten Jahres Früchte ernten zu können. Die Früchte werden im Sommer geerntet und getrocknet.
Verwendung: Pastinakwurzeln sind mittlerweile wieder ein recht beliebtes Gemüse für Eintöpfe. Die Früchte werden zur Zubereitung von Heiltees verwendet und gelten als aromatisches Gewürz.
Gefahren: Vorsicht im Umgang mit der Pflanze, fototoxische Substanzen können eine Dermatitis erzeugen.
Hinweis: Wahrscheinlich wurde Pastinak in wilder Form schon von unseren Urahnen gesammelt und gegessen. Im 18. Jahrhundert wurde sie dann als Lebensmittel von Karotten und Kartoffeln abgelöst. Schon in der Antike war die Pastinake auch als Heilpflanze bekannt. Die Volksmedizin verwendet sie bei Wassersucht, Leibschmerzen, Blasen- und Nierenleiden, Magenbeschwerden und Fieber.

Pelargonie, Duft-
Pelargonium spec.

Wuchs: Buschig, manchmal überhängend; 50–100 cm hoch; im unteren Bereich verholzend.
Blatt: Meist eingeschnitten bis gelappt; oft stark behaart; duftend.
Blüte: Juni–Oktober; rosa, weiß oder violett, oft mehrfarbig; Dolden.
Frucht: Spaltfrüchte.
Standort: Sonnig; durchlässige, leichte Böden.
Vermehrung/Pflege: Duft-Pelargonien sind bei uns nur für die Gefäßkultur geeignet. Die Aussaat erfolgt ab März unter Glas, Stecklinge können während des ganzen Sommers aus jungen Trieben geschnitten werden. Duft-Pelargonien werden an hellen Standorten bei frostfreien Temperaturen überwintert.
Ernte: Blätter oder Blüten können während der gesamten Vegetationsperiode geerntet werden.
Verwendung: Die Blätter dürfen wegen ihrer starken Würzkraft nur sparsam verwendet werden. Sie eignen sich frisch oder getrocknet zum Aromatisieren von Süßspeisen, Marmeladen, Bowlen und Kompott. Die Blüten sind geeignet als Garnierung von Speisen.
Hinweis: Die Duft-Pelargonien sind Wildformen der Pflanzengattung, zu der auch unsere Balkongeranien gehören. Sie sind im 17. Jahrhundert von Südafrika nach England gelangt. Generationen von Züchtern haben dort im Laufe der Zeit Pflanzen nach Duftqualitäten selektiert, sodass es heutzutage eine unübersehbare Vielfalt an duftenden Pelargonien gibt.

Pelargonium capitatum Rosenduft-Pelargonie
Buschig; stark verzweigt; 50–60 cm hoch;
im unteren Bereich verholzend.
Blätter fünflappig; gezähnt; samtig; hellgrün.
Blüten rosa.

Pelargonium × citrosum 'Prince of Orange'
Aufrecht; stark verzweigt; 50–60 cm hoch;
im unteren Bereich verholzend.
Blätter eingeschnitten gezähnt; dunkelgrün.
Blüten rosa.

Pelargonium × fragans Muskatnuss-Pelargonie
Aufrecht; stark verzweigt; 50–60 cm hoch; im unteren Bereich verholzend.
Blätter rundlich; klein; bereift. Blüten weiß, im Schlund gezeichnet.

Pelargonium graveolens 'Roberts Lemon Rose'
Aufrecht; stark verzweigt; 60–80 cm hoch; verholzend.
Blätter gelappt; gezähnt; samtig; grün. Blüten rosa, im Schlund gezeichnet.
Ausgezeichnet zum Aromatisieren von Tee.

Pelargonium quercifolium Eichenblatt-Pelargonie
Aufrecht; stark verzweigt; 50–60 cm hoch; im unteren Bereich verholzend.
Blätter buchtig bis gelappt; gezähnt; behaart; grün, dunkel gezeichnet. Blüten rosa, gezeichnet.

Pelargonium spec. **'Lemon Fancy'**
Aufrecht; stark verzweigt; 50–60 cm hoch; im unteren Bereich verholzend.
Blätter eingeschnitten gezähnt; dunkelgrün. Blüten rosa, gezeichnet.

Petersilie

Petroselinum crispum

Wuchs: Rosettig; Blütentriebe straff aufrecht; im oberen Bereich verzweigt; 80–120 cm hoch.

Blatt: Doppelt bis dreifach gefiedert; Blättchen eingeschnitten gezähnt; glattblättrig oder kraus; dunkelgrün.

Blüte: Juni–Juli; grünlichgelb; Dolden.

Frucht: Spaltfrüchte.

Standort: Halbschattig; humusreiche, feuchte Böden.

Vermehrung/Pflege: Petersilie wird ab März direkt in das Freiland in Reihen mit 10–15 cm Abstand gesät. Für ein üppiges Wachstum ist ein jährlicher Fruchtwechsel notwendig.

Ernte: Frische Petersilienblätter können im ersten Jahr während der gesamten Vegetationsperiode geerntet werden. Beim Einsetzen der Blüte im zweiten Jahr werden die Blätter ungenießbar.

Verwendung: Petersilie wird am besten frisch verwendet und passt gut zu Quark, Salaten, Suppen, Kartoffeln und Saucen. Dabei sollen die Blätter nicht mitgekocht werden, sie verlieren sonst wie auch beim Trocknen oder Einfrieren viel von ihrem Aroma.

Gefahren: Öl und Früchte wurden früher zu Abtreibungszwecken missbraucht, was häufig zu schweren Vergiftungen führte.

Hinweis: In der Antike war Petersilie mehr eine Arznei- als eine Gewürzpflanze. Petersilienfrüchte sind bis heute Bestandteil von Blasen- und Nierentees. Erst seit dem 16. Jahrhundert ist die Petersilie bei uns ein weit verbreitetes Küchenkraut.

Ringelblume, Garten-
Calendula officinalis

Wuchs: Aufrecht; stark verzweigt; bis 20–60 cm hoch.
Blatt: Länglich; behaart; blassgrün.
Blüte: Juni–Oktober; gelb oder orangefarben; Strahlenblüten.
Frucht: Achänen.
Standort: Sonnig; nahrhafte, gut durchlässige Böden.
Vermehrung/Pflege: Ringelblumen werden von März bis Mai durch Direktaussaat vermehrt. Der Reihenabstand beträgt 20–30 cm. Einmal im Garten kultiviert, sät sich die Ringelblume immer wieder selbst aus.
Ernte: Während des ganzen Sommers können Blütenblätter und junge grüne Blättchen geerntet werden.
Verwendung: Blütenblätter und frische junge Blättchen werden zum Würzen von Salaten verwendet. Seit der Antike gilt die Ringelblume als Safranersatz. Ganze Blüten können zur Dekoration von Salaten und Reisgerichten verwendet werden.
Hinweis: Obwohl die Ringelblume im Mittelmeerraum häufig vorkommt, wurde sie in der antiken Medizin wohl nicht verwendet. Die Heilwirkung der Pflanze wurde erstmals von Hildegard von Bingen und später von Albertus Magnus beschrieben. Seither ist die Ringelblume in der Volksmedizin sehr beliebt. Salbe oder Tinktur werden bei schlecht heilenden Wunden, bei Entzündungen, bei Frostbeulen und bei Verbrennungen angewendet. Gurgeln mit Ringelblumentee hilft bei Mund- und Rachenentzündungen.

Rosmarin
Rosmarinus officinalis

Wuchs: Dichtbuschig; im unteren Bereich verholzend; am Naturstandort bis 2 m hoch.

Blatt: Immergrün; linealisch; eingerollt; ledrig; dunkelgrün; unterseits graufilzig; duftend.

Blüte: März–Juni; blassblau; Scheinquirle.

Frucht: Klausenfrüchte.

Standort: Sonnig; karge, humose, durchlässige Böden.

Vermehrung/Pflege: Rosmarin wird durch Stecklinge im Frühjahr vermehrt. Winterfeste Sorten können an geschützten Stellen in den Garten gepflanzt werden. In ungünstigen Lagen ist Topfkultur ratsam.

Ernte: Bei Bedarf werden Blätter, Zweigspitzen und Blüten geerntet.

Verwendung: Rosmarin ist ein intensives Gewürz, das gut zu mediterranen Gerichten wie Fleisch, Fisch, Geflügel und Suppen passt. Rosmarinzweige sind sehr gut für die Herstellung von Würzölen geeignet. Die Blüten sind essbar und eignen sich zur Garnierung von Speisen sowie zur Herstellung von Rosmarinzucker.

Gefahren: Das Berühren der Pflanze kann Kontaktallergien auslösen.

Hinweis: Rosmarin wurde erstmals in den mittelalterlichen Klostergärten als Heilpflanze angebaut. Die Pflanze wurde gelegentlich auch zu Abtreibungszwecken missbraucht. Rosmarin ist heute Bestandteil von Teemischungen unterschiedlicher Indikationen. Die Likörindustrie verarbeitet Rosmarin in großen Mengen.

Rucola
Eruca sativa

Wuchs: Rosettig; Blütentriebe aufrecht; 30–60 cm hoch.
Blatt: Leierförmig-fiederteilig; Rand wellig.
Blüte: Mai–September; weiß bis cremefarben, violett geadert.
Frucht: Schoten.
Standort: Sonnig bis halbschattig; nahrhafte, frische bis feuchte Böden.
Vermehrung/Pflege: Die Aussaat erfolgt von April bis September direkt im Freiland in Reihen von etwa 20 cm Abstand.
Ernte: Die jungen Blätter werden während des ganzen Jahres gepflückt. Bei Hitze und Trockenheit wird der Geschmack der Blätter leicht streng.
Verwendung: Die jungen, frischen Blätter werden als Gewürz von Salaten, Saucen und italienischen Pastagerichten verwendet.
Gefahren: Wegen seines hohen Gehalts an Nitrat sollte Rauke nicht in großen Mengen gegessen werden.
Hinweis: Die Verwendung der Rauke hat eine lange Tradition. Schon die alten Griechen schätzten die Pflanze als Gewürz. Später wurde sie lange Zeit kaum angebaut. In den letzten Jahren erlebte die Verwendung der Pflanze eine ungeahnte Renaissance. In einigen Ländern wird Rucola heute auch zur Herstellung von Speiseöl angebaut.

Salbei

Salvia officinalis

Wuchs: Breitbuschig; im unteren Bereich verholzend; 40–60 cm hoch.
Blatt: Schmal elliptisch bis eiförmig; ganzrandig oder gekerbt; derb; graugrün, filzig.
Blüte: Juni–August; hellviolettblau; Scheinquirle.
Frucht: Klausenfrüchte.
Standort: Sonnig; durchlässige, kalkhaltige Böden.
Vermehrung/Pflege: Salbei wird durch Aussaat mit Vorkultur im Frühjahr oder durch Stecklinge vermehrt. In ungünstigen Lagen ist ausreichender Winterschutz erforderlich.
Ernte: Junge, aromatische Blätter können während des ganzen Sommers geerntet und frisch verwendet werden. Zum Anlegen von Vorräten werden krautige Triebspitzen vor der Blüte geerntet und getrocknet.
Verwendung: Salbei hat einen leicht bitteren, dominanten Geschmack und wird zum Würzen von Fleisch- und Fischgerichten, Suppen, Schinken und Käse oder als Tee verwendet. Die Blüten eigenen sich zur Garnierung verschiedener Speisen.
Gefahren: Salbeitee ist nicht für den Dauergebrauch geeignet. Bei Überdosierung kann es zu schwerwiegenden Nebenwirkungen kommen.
Hinweis: Salbei wurde zuerst in Griechenland in Kultur genommen und erlangte später vor allem im Römischen Reich großes Ansehen. Bei uns wurde Salbei erstmals in Klostergärten angebaut. Heute wird Salbei als Tee, als alkoholischer Extrakt, als ätherisches Öl oder als Bestandteil von Fertigpräparaten verwendet.

Salvia officinalis 'Alba'
Breitbuschig; im unteren Bereich verholzend; 30–50 cm hoch.
Blätter schmal elliptisch bis eiförmig; ganzrandig oder gekerbt; derb; graugrün, filzig. Blüten weiß.

Salvia officinalis 'Berggarten'
Breitbuschig; im unteren Bereich verholzend; 20–40 cm hoch.
Blätter schmal elliptisch bis eiförmig; ganzrandig oder gekerbt; derb; gelbgrün gefleckt; filzig. Blüht nur sehr sparsam.

Salvia officinalis 'Crispa'
Breitbuschig; im unteren Bereich verholzend; 20–40 cm hoch.
Blätter schmal elliptisch bis eiförmig; gesägt; derb; graugrün; filzig. Blüten hellviolettblau.

Salvia officinalis 'Nana'
Breitbuschig; im unteren Bereich verholzend; 20–40 cm hoch.
Blätter schmal elliptisch bis eiförmig; ganzrandig oder gekerbt; derb; graugrün; filzig. Blüten hellviolettblau.

Salvia officinalis 'Purpurascens'
Breitbuschig; im unteren Bereich verholzend; 20–40 cm hoch.
Blätter schmal elliptisch bis eiförmig; ganzrandig oder gekerbt; derb; rotgrün, im Austrieb purpurfarben; filzig. Blüten hellviolettblau.

Salvia officinalis 'Rosea'
Breitbuschig; im unteren Bereich verholzend; 30–50 cm hoch.
Blätter schmal elliptisch bis eiförmig; ganzrandig oder gekerbt; derb; graugrün, filzig. Blütenrosa.
Diese Sorte hat ein etwas süßeres Aroma.

Salbei, Muskateller-
Salvia sclarea

5-9

Wuchs: Rosettig; Blütentriebe buschig; 100–150 cm hoch.

Blatt: Breit-eiförmig; gezähnt; runzelig; graugrün.

Blüte: Juni–August; hellviolettfarben; Ähren.

Frucht: Klausenfrüchte.

Standort: Sonnig; durchlässige, kalkhaltige Böden.

Vermehrung/Pflege: Muskateller-Salbei wird durch Direktaussaat im Frühjahr oder im Sommer vermehrt. Die Jungpflanzen werden später auf einen Abstand von 40 × 40 cm vereinzelt. Die dekorative Pflanze vermehrt sich später durch Selbstaussaat.

Ernte: Junge, aromatische Blätter und Blüten können während des ganzen Sommers geerntet und frisch verwendet werden. Zum Anlegen von Vorräten werden Blätter vor der Hauptblütezeit geerntet, gebündelt und getrocknet.

Verwendung: Die Blätter können wie Salbei zur Herstellung von Tee verwendet werden. Die Blüten eignen sich zum Würzen von Omletts und als Beigabe zu Süßspeisen und Säften.

Gefahren: Von Verwendung des Tees über längeren Zeitraum wird abgeraten.

Hinweis: Muskateller-Salbei war im Mittelalter ein sehr geschätztes Kraut. Es wurde gegen verschiedene Krankheiten und Leiden wie Verdauungsbeschwerden, Menstruationsstörungen und Zahnfleischentzündungen eingesetzt. Im 19. Jahrhundert wurde Muskateller-Salbei als berauschender Anteil dem Bier zugesetzt und zum Aromatisieren von Wein verwendet.

Schafgarbe
Achillea millefolium

Wuchs: Aufrecht; bis 80 cm hoch; Ausläufer treibend.
Blatt: Fiederschnittig; Blättchen lineal-lanzettlich.
Blüte: Juni–September; weiß (teilweise rosafarben); flache Doldenrispen.
Frucht: Achänen.
Standort: Sonnig; gut durchlässige Böden.
Vermehrung/Pflege: Die Gewöhnliche Schafgarbe wird durch Aussaat im Frühjahr oder besser durch Teilung des Wurzelstockes im Herbst vermehrt.
Ernte: Im Frühjahr werden junge Blätter geerntet, im Sommer das ganze blühende Kraut.
Verwendung: Die Frühlingsblätter werden zur Zubereitung von Kräuterquark oder Salat verwendet oder auf Brot gegessen. Tee wird aus getrockneten Blüten und Blättern zubereitet.
Hinweis: Schafgarbe ist eine in der Volksmedizin besonders beliebte Heilpflanze. Bereits Dioskurides beschreibt die Schafgarbe als *Tausendblättriges Soldatenkraut*. Wegen ihrer blutstillenden Wirkung wurde die Pflanze bei Kriegern und Soldaten zur Wundheilung eingesetzt. Die Pflanze wurde später in Klostergärten angebaut und in den mittelalterlichen Kräuterbüchern beschrieben. Schafgarbenkraut wird heute als Tee oder als Bestandteil von Teemischungen bei leichten krampfartigen Magen-Darm-Galle-Störungen, bei Magenkatarrhen, zur Appetitanregung oder bei Menstruationsbeschwerden verwendet.

Schlüsselblume
Primula veris

Wuchs: Rosettig; Blütentriebe aufrecht; bis 20 cm hoch.

Blatt: Länglich-eiförmig; abgerundet; gezähnt; runzelig.

Blüte: April–Juni; goldgelb, am Schlund rötlich gefleckt; Dolden.

Frucht: Kapseln.

Standort: Sonnig; trockene, kalkhaltige Böden.

Vermehrung/Pflege: Die Wiesen-Schlüsselblume wird durch Aussaat oder durch Teilung des Wurzelstockes vermehrt. Schlüsselblumen dürfen nicht wild gesammelt werden, sie stehen unter Artenschutz.

Ernte: Blätter und Blüten werden zur Blütezeit gesammelt und frisch verwendet. Wurzelstöcke werden im Herbst ausgegraben und getrocknet.

Verwendung: Frische, kleingehackte Blätter können Salaten oder Frühlingssuppen beigemengt werden. Die frischen Blüten werden zur Herstellung von Likör verwendet. Getrocknete Wurzelstöcke eignen sich zur Zubereitung von Tees.

Hinweis: Die Schlüsselblume ist eine nordische Pflanze und war in der antiken Medizin nicht bekannt. Die Pflanze wird erstmals in den Schriften der Klosterheilkunde erwähnt. Primelwurzeln werden heute als Tee oder als Bestandteil von Teemischungen bei Erkrankungen der Atemwege verwendet. Extrakt oder Tinktur sind Bestandteil von verschiedenen Hustenmitteln. Die Blüten werden häufig als Schmuckdroge in Teemischungen verwendet.

Schlüsselblume, Hohe

Primula elatior

Wuchs: Rosettig; Blütentriebe aufrecht; bis 30 cm hoch.

Blatt: Länglich-eiförmig; abgerundet; gezähnt; runzelig.

Blüte: März–April; hellgelb; Dolden.

Frucht: Kapseln.

Standort: Sonnig bis halbschattig; nahrhafte, etwas lehmige, durchlässige, frische bis feuchte Böden.

Vermehrung/Pflege: Die Hohe Schlüsselblume wird durch Aussaat im Herbst (Frostkeimer) oder durch Teilung des Wurzelstockes vermehrt. Im Garten gedeihen sie am besten als Bodendecker unter Sträuchern. Schlüsselblumen dürfen nicht wild gesammelt werden, sie stehen unter Artenschutz.

Ernte: Blätter und Blüten werden zur Blütezeit gesammelt und frisch verwendet. Wurzelstöcke werden im Herbst ausgegraben und getrocknet.

Verwendung: Frische Blätter und Blüten werden zur Zubereitung von Salaten und Spinat verwendet. Alle getrocknete Pflanzenteile sind zur Zubereitung von Tee geeignet.

Hinweis: Die Schlüsselblume ist eine nordische Pflanze und war in der antiken Medizin nicht bekannt. Die Pflanze wird erstmals in den Schriften der Klosterheilkunde erwähnt. Die Volksheilkunde verwendet Wurzeln und Blüten (mit Kelchen) als Hustenmittel, zur Nervenberuhigung sowie als harntreibendes Mittel bei Rheuma und Gicht.

Schnittlauch
Allium schoenoprasum

4-9

Wuchs: Aufrecht; 20–30 cm hoch, horstig.
Blatt: Röhrig.
Blüte: Juni–Juli; rötlich lilafarben; kugelige Dolden.
Frucht: Kapseln.
Standort: Sonnig bis halbschattig; nahrhafte, nicht zu feuchte Böden.
Vermehrung/Pflege: Schnittlauch wird durch Aussaat oder durch Teilung des Wurzelstockes vermehrt. Die Aussaat erfolgt im Frühjahr direkt in das Beet. Um ein Überaltern der Kulturen zu verhindern, sollten die Pflanzen alle 2–3 Jahre im Frühjahr oder Herbst geteilt werden. Der endgültige Pflanzabstand beträgt 20 × 20 cm.
Ernte: Schnittlauch kann die ganze Vegetationsperiode über frisch geerntet werden. Dazu werden die Blätter 2 cm über dem Boden abgeschnitten. Am würzigsten sind die Blätter des ersten Frühlingsaustriebes. Zum Trocknen ist Schnittlauch nicht geeignet. Zum Anlegen von Wintervorräten kann er unter Geschmacksverlust eingefroren werden.
Verwendung: Schnittlauch wird frisch geschnitten zum Würzen von Rührei, Quark, Salaten, Suppen und Saucen verwendet. Um die reichlich enthaltenen Vitamine zu schonen, sollte Schnittlauch möglichst nicht erhitzt werden. Die Blüten eignen sich zum Garnieren von Salaten.
Hinweis: Die Verwendung von Schnittlauch war eng mit dem Aberglauben verbunden. Ein Sträußchen aus Schnittlauchblumen am Fenster soll Unglück fernhalten. Schnittlauch galt als Mittel gegen Hexerei und wurde daher gern in Klostergärten angebaut.

Schwarzkümmel
Nigella sativa

Wuchs: Aufrecht; etwa 30 cm hoch; schwach behaart.
Blatt: Dreifach gefiedert.
Blüte: Juni–Juli; blassblau, teilweise auch weiß; einzeln stehend.
Frucht: Balgfrüchte.
Standort: Sonnig; nahrhafte, durchlässige Böden.
Vermehrung/Pflege: Schwarzkümmel wird im Frühjahr direkt in das Freiland gesät. Auch die Voranzucht im Gewächshaus ist möglich.
Ernte: Reife, trockene Balgfrüchte werden geschnitten und zerdrückt. Die so gewonnenen Samen müssen noch nachgetrocknet werden.
Verwendung: Die Samen werden ganz oder gemahlen zum Würzen von Brot und Saucen verwendet. Das Gewürz passt gut zu Fleisch- oder Fischgerichten und ist Bestandteil von Curry-Gewürzmischungen. Das aus den Samen gewonnene fette Öl gilt als wertvolles Speiseöl.
Hinweis: Schwarzkümmel wurde bereits im Altertum als Gewürzpflanze angebaut. Bei uns war der Anbau im 16./17. Jahrhundert besonders verbreitet. Die Samen werden in der Volksheilkunde gegen Blähungen und zur Förderung der Milchbildung stillender Mütter verwendet.

Seifenkraut

Saponaria officinalis

Wuchs: Aufrecht; 50–80 cm hoch; Ausläufer treibend.

Blatt: Länglich-lanzettlich, ganzrandig; zugespitzt; dunkelgrün.

Blüte: Juni–September; weiß bis blassrosa; Trugdolden.

Frucht: Kapseln.

Standort: Sonnig; durchlässige Böden.

Vermehrung/Pflege: Das Echte Seifenkraut wird durch Direktaussaat im Frühjahr oder durch Teilung des Wurzelstockes im Herbst vermehrt. Die Jungpflanzen werden später auf einen Abstand von 40 × 40 cm verpflanzt.

Ernte: Blätter werden kurz vor der Hauptblüte geerntet, voll aufgeblühte Blüten werden im Sommer gesammelt und Wurzeln werden im Herbst ausgegraben.

Verwendung: Die Blüten werden zur Garnierung von Speisen und für Duftschalen verwendet.

Hinweis: Für die Volksheilkunde ist das Seifenkraut in erster Linie ein Hustenmittel. Ein Auszug aus den Wurzeln wurde auch bei chronischen Hautleiden und bei rheumatischen Beschwerden angewendet. Der Aufguss mit Blättern oder Wurzeln ist eine starke Waschlauge speziell für Leinenstoffe. Die Seifenwurzel wird heute zur Herstellung von Wasch- und Reinigungsmitteln verwendet und ist Zusatz von Zahncremes.

Sellerie, Schnitt-
Apium graveolens

Wuchs: Dichtbuschig; 30–50 cm hoch.
Blatt: 1–2fach gefiedert oder gelappt; glänzend dunkelgrün.
Blüte: Juli–September; gelblich weiß; Dolden.
Frucht: Spaltfrüchte.
Standort: Sonnig bis halbschattig; nahrhafte, frische bis feuchte Böden.
Vermehrung/Pflege: Schnittsellerie wird durch Aussaat vermehrt. Sinnvoll ist die Voranzucht ab März/April im Frühbeet. Ab Anfang Mai kann das Kraut auch im Freiland in Reihen mit 30–40 cm Abstand gesät werden. Sellerie ist Lichtkeimer, das Saatbeet darf nur dünn mit Erde abgedeckt werden.
Ernte: Schnittsellerie kann während der ganzen Vegetationsperiode geerntet werden.
Verwendung: Schnittsellerie kann frisch, getrocknet oder auch tiefgefroren verwendet werden. Das Kraut ist ein beliebtes Gewürz für Suppen, Eintöpfe, Saucen und Salate.
Hinweis: Sellerie genoss bereits in der Antike hohes Ansehen. Erst im Mittelalter wurde er über die Alpen gebracht und bei uns in Klostergärten angebaut. Seither ist besonders der Knollensellerie in der Volksmedizin sehr populär. Er wird bei rheumatischen Beschwerden, bei Blasen- und Nierenleiden, bei Verdauungsstörungen und bei Appetitlosigkeit angewendet.

Senf, Schwarzer

Brassica nigra

Wuchs: Straff aufrecht; verzweigt; bis 120 cm hoch.

Blatt: Länglich bis eiförmig; rau behaart; untere Blätter gebuchtet.

Blüte: Juni–September; goldgelb; lockere Doldentrauben.

Frucht: Schoten.

Standort: Sonnig; nahrhafte, etwas kalkhaltige Böden.

Vermehrung/Pflege: Schwarzer Senf wird ab März bis Mai durch Aussaat vermehrt. Der Reihenabstand beträgt etwa 25 cm.

Ernte: Junge Blätter können bei Bedarf geerntet werden. Die Schoten werden bei Samenreife geerntet und nachgetrocknet.

Verwendung: Frische Blätter werden als Würze von Salaten und Quark verwendet. Die getrockneten Senfkörner werden zur Herstellung von Gewürzmischungen und Speisesenf verwendet.

Gefahren: Wegen seiner stark reizenden Wirkung darf Schwarzer Senf innerlich wie äußerlich nur in mäßigen Mengen verwendet werden.

Hinweis: Die Kenntnis über Anbau und Verwendung verdanken wir den orientalischen und den antiken europäischen Völkern. In der Römerzeit kam der Senf durch den Handel nach Mitteleuropa, wo er sich rasch einbürgerte. Mit Beginn der Klosterkultur wurde Senf als Heil- und Gewürzpflanze bei uns populär. Senfmehl wird zu durchblutungsfördernden Senfwickeln bei Entzündungen von Lunge, Brustfell und Bronchien verarbeitet. Senf gilt als altbewährtes Hausmittel gegen Rheuma und Gicht.

Senf, Weißer
Sinapis alba

5-9

Wuchs: Aufrecht; verzweigt; bis 120 cm hoch.
Blatt: Länglich bis eiförmig; wenig geteilt; rau behaart.
Blüte: Juni–September; goldgelb; lockere Doldentrauben.
Frucht: Schoten.
Standort: Sonnig; nahrhafte Böden.
Vermehrung/Pflege: Senf wird von März bis Mai durch Direktaussaat vermehrt.
Ernte: Junge Blätter können bei Bedarf geerntet werden. Die Schoten werden bei Samenreife geerntet und nachgetrocknet.
Verwendung: Weißer Senf ist etwas milder als Schwarzer Senf. Frische Blätter werden als Würze von Salaten und Saucen verwendet. Die getrockneten Senfkörner werden zum Einlegen von Gurken sowie zur Herstellung von Senf und von Gewürzmischungen verwendet.
Gefahren: Senföl ist ein starkes Hautreizmittel. Senfwickel dürfen daher nicht zu lange aufgelegt werden und die behandelten Hautbereiche müssen nach dem Abnehmen des Wickels gereinigt werden.
Hinweis: Senf wird schon seit Jahrtausenden als Würz- und Heilkraut verwendet. Die Kenntnis über Anbau und Verwendung verdanken wir den orientalischen und den antiken Völkern. Die im Mittelalter einsetzende Klosterkultur machte Senf auch bei uns populär. Die Volksheilkunde verwendet durchblutungsfördernde Senfwickel bei Entzündungen im Brustraum und bei Fieber.

Sonnenhut

Echinacea angustifolia

Wuchs: Straff aufrecht; 60–80 cm hoch; horstig; borstig behaart.

Blatt: Schmal lanzettlich; ganzrandig; spitz; dunkelgrün.

Blüte: Juli–August; bräunlich; Körbchenblüten mit purpurroten Zungenblüten.

Frucht: Achänen.

Standort: Sonnig; nahrhafte, gut durchlässige Böden.

Vermehrung/Pflege: Sonnenhut wächst bei uns im Staudenbeet. Er wird durch Aussaat im Frühjahr oder durch Teilung des Wurzelstockes im Herbst vermehrt. Die Stauden benötigen einen Endabstand von etwa 30 × 30 cm.

Ernte: Blütenblätter werden frisch geerntet. Die Wurzeln werden im Herbst oder Frühjahr ausgegraben, gereinigt und getrocknet.

Verwendung: Blütenblätter können zum Garnieren verschiedener Speisen verwendet werden. Die Wurzeln sind Rohstoff zur Zubereitung von Tee oder Auszügen. Andere Sonnenhutarten wie *Echinacea pallida* oder *Echinacea purpurea* haben die gleiche Wirkung.

Hinweis: Sonnenhut wurde von den Indianern Nordamerikas schon lange genutzt. Sie verwendeten den Pflanzenbrei beim Verbinden von Wunden. In Europa wurde Sonnenhut erst im 20. Jahrhundert als Arzneipflanze bekannt. Der Extrakt ist Bestandteil von Fertigarzneimitteln zur Steigerung der körpereigenen Abwehr, gegen leichte fiebrige Infektionen und grippale Infekte.

Spitz-Wegerich
Plantago lanceolata

Wuchs: Rosettig; Blütentriebe aufrecht; 20–40 cm hoch.

Blatt: Schmal lanzettlich; markant geadert.

Blüte: April–September; bräunliche Einzelblüten mit cremeweißen Staubgefäßen; walzliche Ähren.

Frucht: Kapseln.

Standort: Sonnig; trockene Böden.

Vermehrung/Pflege: Spitz-Wegerich wird durch Aussaat oder durch Teilung der Rosetten vermehrt. Einfacher ist es jedoch Pflanzen auszugraben und in den Garten zu pflanzen. Spitzwegerich wird in Beeten im Abstand von 20×20 cm gepflanzt oder in einer Wildwiese angesiedelt.

Ernte: Bei Bedarf werden junge Blätter oder Blütenknospen geerntet.

Verwendung: Spitz-Wegerichblätter werden frisch zur Zubereitung von Salaten und Frühlingssuppen verwendet. Die Blütenknospen werden eingelegt oder können zum Würzen verwendet werden. Ihr Geschmack erinnert an Pilze.

Hinweis: Bereits die assyrische Medizin verwendete den Spitzwegerich als Heilpflanze. Die Klostermedizin und später die Volksheilkunde verwendeten den Saft oder die frischen Blätter als Wundmittel und zur Vermeidung von Entzündungen nach Insektenstichen. Spitzwegerich wird als Tee oder als Frischpflanzen-Presssaft heute zur Reizlinderung bei Entzündungen der oberen Luftwege angewendet. Der Extrakt ist Bestandteil von Hustensäften.

Spornblume, Rote
Centranthus ruber

Wuchs: Buschig; verzweigt; 50–70 cm hoch.
Blatt: Schmal eiförmig bis lanzettlich; ganzrandig; spitz; blaugrün.
Blüte: Juni–August; rosarot; Trugdolden.
Frucht: Schoten.
Standort: Sonnig; gut durchlässige Böden.
Vermehrung/Pflege: Die Rote Spornblume wird durch Aussaat im Frühjahr (am besten mit Voranzucht) oder durch Teilung des Wurzelstockes im Herbst vermehrt. Die Stauden benötigen einen Endabstand von etwa 40 × 40 cm.
Ernte: Während des ganzen Sommers können frische Blätter geerntet werden.
Verwendung: Frische Blätter der Roten Spornblumen zählen zu den Salatkräutern.
Hinweis: Die Rote Spornblume wurde ursprünglich als Zierpflanze bei uns eingeführt. Die pharmazeutische Industrie verwendet heute Wurzeln der Pflanze zur Isolierung von Valepotriaten, die ausgleichend bei Nervosität und Spannungszuständen wirken.

Stiefmütterchen, Wildes

Viola tricolor

Wuchs: Rosettig; Blütentriebe aufrecht; verzweigt; 10–30 cm hoch.

Blatt: Wintergrün; teils länglich, teils herzförmig; gekerbt; Nebenblätter fiederspaltig.

Blüte: April–November; blauviolett, gelb und weiß.

Frucht: Kapseln.

Standort: Sonnig; leichte Böden.

Vermehrung/Pflege: Wilde Stiefmütterchen werden im Sommer direkt in das Beet sät. Dort samen sie sich später selbst aus.

Ernte: Während des ganzen Sommers wird blühendes Kraut geerntet und getrocknet.

Verwendung: Frische Triebe können als Salat oder als Gemüse verzehrt werden. Blüten können zum Garnieren von Desserts verwendet werden. Getrocknetes Kraut ist für die Zubereitung von Tee geeignet.

Gefahren: Stiefmütterchentee kann in sehr seltenen Fällen zu allergischen Hautreaktionen führen.

Hinweis: Die Verwendung des Wilden Stiefmütterchens als Heilpflanze hat eine lange Tradition. Die Volksheilkunde verwendet Stiefmütterchenkraut in Teemischungen gegen Entzündungen der Harnwege, zum Abführen und zur Blutreinigung. Äußerlich wird das Wilde Stiefmütterchen bei leichten Hauterkrankungen (Schuppenbildung, Milchschorf, Akne) angewendet.

Stockrose
Alcea rosea

6-8

Wuchs: Rosettig; Blütentriebe straff aufrecht; 150–200 cm hoch.

Blatt: 3–5lappig; gezähnt; filzig behaart; graugrün.

Blüte: Juli–September; rosa, rot (auch weiß, gelb, violett oder schwarzviolett); lockere Trauben.

Frucht: Kapseln.

Standort: Sonnig; tiefgründige, nahrhafte Böden.

Vermehrung/Pflege: Die Stockrose wird durch Aussaat vermehrt. Die Aussaat erfolgt im Spätsommer oder im Frühjahr direkt im Beet oder zur Vorkultur im Topf. Später werden die Pflanzen auf einen Abstand von etwa 50 cm vereinzelt.

Ernte: Im Sommer werden voll entwickelte Blüten geerntet und frisch verwendet. Zum Anlegen von Vorräten werden die Blüten schonend getrocknet.

Verwendung: Frische Blüten werden als Garnierung von Süßspeisen verwendet.

Hinweis: Die getrockneten Blüten der Sorte 'Nigra' sind häufig Bestandteil von Teemischungen gegen Husten und Bronchitis. Die Blüten wurden früher auch zum Färben von Wein und Limonade verwendet.

Thymian
Thymus vulgaris

Wuchs: Polster bildend; 10–40 cm hoch; im unteren Bereich verholzend.

Blatt: Immergrün; rundlich bis eiförmig; eingerollt; unterseits behaart.

Blüte: Juni–September; weiß bis lilarosa; Ähren.

Frucht: Klausenfrüchte.

Standort: Sonnig; durchlässige, kalkhaltige Böden.

Vermehrung/Pflege: Der Echte Thymian wird durch Aussaat vermehrt. Die Vorkultur ist ab März unter Glas sinnvoll, die Direktaussaat erfolgt nach den letzten Frösten im Mai.

Ernte: Bei Bedarf werden frische Triebe und Blätter geerntet. Zum Anlegen von Wintervorräten wird zur Blütezeit das ganze Kraut geschnitten, gebündelt und schonend getrocknet.

Verwendung: Thymian wird in kleinen Mengen zum Würzen von Fleisch- und Kartoffelgerichten, Suppen und Saucen verwendet. Thymian muss lange mitgekocht werden, er wirkt verdauungsfördernd bei fetten Speisen.

Hinweis: Schon im alten Ägypten wurde Thymian angebaut, um Leichenharze zu parfümieren. Es ist anzunehmen, dass die Pflanze bereits damals arzneilich verwendet wurde. Bei den Griechen und Römern war die Heilpflanze ebenfalls bekannt. Bei uns wurde Thymian in Klostergärten angebaut und in allen wichtigen Kräuterbüchern beschrieben. Thymian wird heute als Tee bei Entzündungen der oberen Luftwege angewendet. Thymian ist Rohstoff für die Likörindustrie.

Thymian, Sand-
Thymus serpyllum

Wuchs: Polster bildend; 10–25 cm hoch; im unteren Bereich verholzend.
Blatt: Immergrün; rundlich bis eiförmig.
Blüte: Juni–September; violett bis rosa; Ähren.
Frucht: Klausenfrüchte.
Standort: Sonnig; durchlässige Böden.
Vermehrung/Pflege: Sand-Thymian wird durch Aussaat vermehrt. Die Vorkultur ist ab März unter Glas sinnvoll, die Direktaussaat erfolgt nach den letzten Frösten im Mai. Der Pflanzenabstand beträgt 20 × 20 cm.
Ernte: Bei Bedarf werden frischeTriebe und Blätter geerntet. Zum Anlegen von Wintervorräten wird zur Blütezeit das ganze Kraut geschnitten, gebündelt und getrocknet.
Verwendung: Sand-Thymian wird genau wie der Echte Thymian zum Würzen von Fleisch- und Gemüsegerichten sowie zur Herstellung von Kräutertee verwendet.
Hinweis: Quendel ist eine sehr alte Heilpflanze, die auch in den mittelalterlichen Kräuterbüchern beschrieben wurde. Die Volksmedizin verwendet Quendel wie den echten Thymian bis heute als Hustenmittel und als Badezusatz. Der Tee gilt als wirksam bei Appetitlosigkeit und bei Magen-Darm-Störungen.

Thymian, Zitronen-

Thymus × citriodorus

Wuchs: Polster bildend; 20 cm hoch; im unteren Bereich verholzend.

Blatt: Immergrün; rundlich bis eiförmig.

Blüte: Juni–Juli; rosa; Ähren.

Frucht: Klausenfrüchte.

Standort: Sonnig; durchlässige, kalkhaltige Böden.

Vermehrung/Pflege: Zitronen-Thymian wird im Sommer durch Stecklinge oder Ausläufer vermehrt. Die jungen Pflanzen werden später im Kräuter- oder Steingarten im Abstand von 25 × 25 cm gepflanzt. Ein Rückschnitt nach der Blüte fördert sein buschiges Wachstum.

Ernte: Bei Bedarf werden frische Triebe und Blätter geerntet. Zum Anlegen von Wintervorräten wird zur Blütezeit das ganze Kraut geschnitten, gebündelt und getrocknet.

Verwendung: Zitronen-Thymian wird wegen seines feinen Aromas in der Küche zum Würzen von Salaten, Fischgerichten und Saucen verwendet.

Hinweis: Zitronen-Thymian ist eine weit verbreitete Weiterzüchtung des Feld-Thymians. Er eignet sich sehr gut zur Anlage von Duftrasen oder als duftender Bodendecker. Zur Blütezeit werden die dichten Blütenteppiche von zahlreichen Insekten wie Hummeln, Bienen und Schmetterlingen umlagert.

Thymus × citriodorus 'Golden Dwarf'
Polster bildend; 20 cm hoch. Blätter goldgelb.
Die Sorte 'Golden Dwarf' hat ein ausgeprägtes zitroniges Aroma und ist für Tees und zum Würzen von Salaten, Fischgerichten und Saucen geeignet.

Thymus × citriodorus 'Grüner Zitronen-Thymian'
Polster bildend; 20 cm hoch; im unteren Bereich verholzend. Blätter immergrün; rundlich bis eiförmig. Blüten rosa.
Zitronen-Thymian wird zum Würzen von Salaten, Fischgerichten und Saucen verwendet.

Veilchen, Wohlriechendes
Viola odorata

4-10

Wuchs: Buschig; 10–15 cm hoch; Ausläufer treibend.
Blatt: Herz-eiförmig bis nierenförmig.
Blüte: März–April; Nachblüte im Herbst; dunkelviolett; duftend.
Frucht: Kapseln.
Standort: Halbschattig; humusreiche, frische bis feuchte Böden.
Vermehrung/Pflege: März-Veilchen werden durch Aussaat im Herbst (Frostkeimer), durch Teilung des Wurzelstockes oder durch Stecklinge vermehrt.
Ernte: Blätter und Blüten werden im Frühling gesammelt und frisch verwendet oder getrocknet. Wurzeln werden im Herbst ausgegraben und getrocknet.
Verwendung: Frische Blätter und Blüten werden Frühlingssalaten beigemengt. Blüten werden kandiert oder zum Garnieren von Süßspeisen verwendet. Aus Kraut und Wurzelstöcken wird Tee zubereitet.
Hinweis: Die Verwendung von März-Veilchen als Heilpflanze hat eine lange Tradition. Die Volksmedizin verwendet Veilchentee zur Blutreinigung und zur Behandlung von Erkrankungen der Atemwege. Homöopathische Anwendungsgebiete sind Entzündungen der Atemwege, rheumatische Gelenkerkrankungen sowie Hautunreinheiten.

Wacholder

Juniperus communis

Wuchs: Kegelförmig, säulenförmig oder mehrstämmig; 3–10m hoch.

Blatt: Immergrün; Nadeln graugrün; scharf zugespitzt; zu 3 in Quirlen.

Blüte: April–Juni; zweihäusig; unscheinbar.

Frucht: Beerenzapfen.

Standort: Sonnig; gut durchlässige, sandige, kalkhaltige, Böden.

Vermehrung/Pflege: Wacholder kann durch Aussaat oder durch Stecklinge vermehrt werden.

Ernte: Reife Beeren werden im Herbst gesammelt und sorgfältig getrocknet.

Verwendung: Wacholderbeeren werden zum Würzen von Sauerkraut, Wildgerichten und Saucen verwendet. Die Beeren sind Rohstoff für die Produktion von Kräuterlikör. Wacholderschnaps fördert die Verdauung.

Gefahren: Die Früchte gelten als sehr schwach giftig. Eine längere Anwendung oder zu hohe Dosierung kann zu Reizungen des Nierengewebes führen. Die Früchte haben auch hautreizende Wirkung.

Hinweis: Wacholderbeeren waren bereits in der Antike bekannt. Hildegard von Bingen empfiehlt die Beeren bei Lungenleiden, Fieber und als harntreibendes Mittel. Räucherungen mit den Beeren galten als Schutz vor der Pest. Wacholderbeeren sind heute überwiegend Bestandteil von Blasen- und Nierentees, gelegentlich aber auch von Magentees. Das ätherische Öl wird äußerlich in Einreibungen bei rheumatischen Beschwerden und als Badezusatz verwendet. Wacholderbeeren sind Rohstoff für die Likörindustrie.

Waldmeister
Galium odoratum

4-6

Wuchs: Aufrecht; 20–30 cm hoch, horstig; Ausläufer treibend.
Blatt: Lanzettlich; in Quirlen stehend.
Blüte: April–Juni; weiß; lockere Trugdolden.
Frucht: Nüsschen.
Standort: Schattig; nahrhafte, frische bis feuchte Böden.
Vermehrung/Pflege: Die Vermehrung durch Aussaat ist langwierig und schwierig. Die Keimrate ist niedrig. Mehr Erfolg verspricht die Teilung der Wurzelstöcke im zeitigen Frühjahr oder nach der Blüte im Frühsommer.
Ernte: Ab dem zweiten Jahr wird das ganze Kraut geerntet. Waldmeister wird zur Blütezeit geerntet.
Verwendung: Waldmeisterbowle erfreut sich als Genussmittel und zur Frühjahrskur größter Beliebtheit. Waldmeister ist auch Zusatz von Obstsalaten, Götterspeisen, Limonaden und Bier.
Gefahren: Die Pflanze gilt als schwach giftig. Nach dem übermäßigen Genuss von Waldmeisterzubereitungen können aufgrund des hohen Cumaringehaltes Kopfschmerzen auftreten.
Hinweis: Die Verwendung von Waldmeister als Maiwein wurde erstmals 854 von einem Benediktinermönch erwähnt. Hieronymus Bock beschreibt in seinem Kräuterbuch die Herstellung von erfrischenden Getränken mit Waldmeister. Die Volksmedizin kennt Waldmeister als Beruhigungsmittel, als Mittel gegen Migräne, Menstruationsbeschwerden und Leibschmerzen.

Wegwarte

Cichorium intybus

Wuchs: Rosettig; Blütentriebe aufrecht; verzweigt; bis 150 cm hoch.

Blatt: Untere Blätter fiederlappig bis tief eingeschnitten gesägt; obere Blätter lanzettlich und ungeteilt.

Blüte: Juli bis September; blau, gelegentlich auch rosa oder weiß; einzeln oder zu wenigen vereint.

Frucht: Achänen.

Standort: Sonnig; kalkhaltige, lehmige, trockene Böden.

Vermehrung/Pflege: Die Wegwarte wird durch Direktaussaat im Spätsommer oder durch Teilung der Wurzelstöcke im Herbst oder Frühjahr vermehrt.

Ernte: Im ersten Jahr werden junge Blätter geerntet, ab dem zweiten auch Blüten und Wurzeln. Blätter und Blüten können nur frisch verwendet werden, die Wurzeln werden gereinigt, geteilt und getrocknet.

Verwendung: Frische Blätter werden als Beilage von Gemüse und Salat verwendet. Die Blüten eignen sich zum Garnieren von Süßspeisen. Die geröstete Wurzel wird als Kaffeersatz verwendet.

Hinweis: Im Mittelalter wurden der Wegwarte unglaubliche Zauberkräfte (vor allem im Liebeszauber) zugeschrieben. Als Heilpflanze wurde sie erstmals im Jahr 1577 von Hieronymus Bock beschrieben. Ein Tee aus Kraut oder Wurzeln gilt als bitteres Anregungsmittel bei Appetitlosigkeit. In der Volksheikunde wird die Wegwarte auch zur Behandlung von Hautunreinheiten verwendet.

Wein-Raute
Ruta graveolens

Wuchs: Buschig; im unteren Bereich verholzend; 40–60 cm hoch.
Blatt: 2–3fach gefiedert; Blättchen verkehrt lanzettlich; ganzrandig; blaugrau.
Blüte: Juni–September; grünlichgelb; Trugdolden.
Frucht: Kapseln.
Standort: Sonnig; durchlässige, magere Böden.
Vermehrung/Pflege: Die Wein-Raute wird durch Aussaat mit Vorkultur im Frühjahr, durch Stecklinge oder durch Teilung der Pflanzen im Herbst vermehrt. Die Jungpflanzen werden in einem Abstand von 30 × 40 cm gepflanzt. Durch regelmäßigen Rückschnitt im Frühjahr bleiben die Pflanzen stets kompakt.
Ernte: Vor der Blüte werden Blätter geerntet und frisch verwendet. Zum Anlegen von Vorräten wird das Kraut vor der Blüte geerntet und getrocknet.
Verwendung: Wein-Raute ist ein intensives Gewürz, das nur sparsam verwendet werden darf. Es passt gut zu Salaten, Fleisch und Fisch und wird als Aroma für Kräuterlikör verwendet.
Gefahren: Die Pflanze wirkt fototoxisch. Das Berühren der Laubblätter kann heftiges Hautjucken und Ausschlag hervorrufen.
Hinweis: Die Wein-Raute ist ein uraltes Heil- und Zauberkraut und wurde bereits in der Antike gegen viele Krankheiten eingesetzt. Es galt als Mittel gegen Gift und Schlangen. Heute wird die Wein-Raute gelegentlich als Gewürz verwendet und ist Rohstoff für die Likörindustrie.

Wermut
Artemisia absinthium

Wuchs: Buschig, bis 150 cm hoch, im unteren Bereich verholzend.

Blatt: 2–3fach gefiedert; Blättchen nadelförmig; graugrün.

Blüte: Juli–September; gelb; Rispen.

Frucht: Achänen.

Standort: Sonnig; nahrhafte, durchlässige, trockene Böden.

Vermehrung/Pflege: Wermut wird durch Aussaat oder durch Stecklinge vermehrt. Eine Pflanze reicht im Garten meist aus.

Ernte: Wermutblätter werden meist frisch verwendet. Zum Anlegen von Wintervorräten werden Triebspitzen während der Blütezeit geerntet und getrocknet.

Verwendung: Das Kraut wird wegen seines bitteraromatischen Geschmackes nur in kleinen Mengen zum Würzen von fetten Fleischgerichten und Eintöpfen verwendet. Wermut ist Rohstoff für die Likörproduktion.

Gefahren: Die gesamte Pflanze gilt als schwach giftig. Zu hohe Dosen können Kopfschmerzen und Schwindel erzeugen.

Hinweis: Wermut gehört zu den bedeutendsten Pflanzen der antiken Medizin und wird seit Jahrtausenden angewendet. Besonders beliebt war die Anwendung des Wermuts als Mittel bei Schlaflosigkeit und gegen Motten. Ende des 19. Jahrhunderts wurde Absinthlikör zu einer Modedroge, die 1923 wegen der hirnschädigenden Wirkung des Thujons verboten wurde. Heute wird Wermutkraut als Tee oder als Bestandteil von Teemischungen zur Appetitanregung, bei Verdauungsstörungen und bei Gallenbeschwerden verwendet.

Ysop
Hyssopus officinalis

Wuchs: Dichtbuschig; 30–60 cm hoch; im unteren Bereich verholzend.
Blatt: Wintergrün; lanzettlich; behaart; mit Öldrüsen.
Blüte: Juli–August; blau, weiß oder violett; einseitswendige Ähren.
Frucht: Klausenfrüchte.
Standort: Sonnig; nahrhafte, kalkhaltige, gut durchlässige, trockene Böden.
Vermehrung/Pflege: Ysop wird am besten im zeitigen Frühjahr durch Aussaat mit Vorkultur vermehrt. Möglich ist auch die Vermehrung durch Stecklinge im Sommer oder die Teilung von älteren Pflanzen im Frühjahr.
Ernte: Im Sommer wird das blühende Kraut geerntet und getrocknet. Blätter und junge Triebe können laufend gepflückt und frisch verwendet werden.
Verwendung: Wegen seines starken Aromas darf Ysopkraut nur sparsam verwendet werden. Ysop ist ein hervorragendes Gewürz für Fleisch- oder Fischgerichte und für Eintöpfe. Die Blüten eignen sich zum Garnieren von Speisen. Ysop ist häufig Bestandteil von Kräuterlikörrezepturen.
Hinweis: Im Mittelmeerraum war Ysop bereits in der Antike als Heilpflanze bekannt. Bei uns wurde er erstmals in den Klostergärten des Mittelalters kultiviert. Die Volksmedizin verwendet Ysoptee bei trockenem Husten oder bei Magen- und Darmstörungen. Heute ist Ysop eher als Gewürz- und Bienenfutterpflanze bekannt.

Zitronen-Melisse
Melissa officinalis

Wuchs: Dichtbuschig; verzweigt; bis 100 cm hoch.

Blatt: Eiförmig; gleichmäßig gezähnt.

Blüte: Juni–August; rosa-weiß; achselständig.

Frucht: Klausenfrüchte.

Standort: Sonnig; gut durchlässige, nahrhafte, frische Böden.

Vermehrung/Pflege: Melisse wird durch Aussaat im Frühjahr oder durch Teilung des Wurzelstockes im Herbst vermehrt. Bei Neupflanzungen beträgt der Abstand der Pflanzen wenigstens 30 cm.

Ernte: Vor der Blüte werden junge Blätter und Triebspitzen geerntet und frisch verwendet. Ältere Blätter werden hart und schmecken etwas bitter. Beim Trocknen des Krautes geht ein großer Teil des Zitronenaromas verloren.

Verwendung: Frische Melissenblätter verbessern den Geschmack von Salaten, Saucen, Süßspeisen und Fischgerichten, allerdings verlieren sie beim Kochen ihr Aroma. Getrocknete Zitronenmelisse wird zur Zubereitung von Tee verwendet.

Hinweis: Die Melisse kam im 11. Jahrhundert mit den Arabern nach Spanien. Bei uns wurde die Pflanze erstmals in Klostergärten angebaut. In Klöstern wurde auch der bis heute sehr beliebte Melissengeist hergestellt. Heute ist Melisse Bestandteil von verschiedenen Schlaf- und Nerventees sowie von Fertigpräparaten. Das ätherische Öl wird in Entspannungsbädern und Einreibungen verwendet.

Zwiebel
Allium cepa

Wuchs: Aufrecht; bis 80–120 cm hoch; eintriebig.
Blatt: Röhrig (hohl); bis 80 cm lang; blaugrau.
Blüte: Juni–August; cremeweiß; kugelige Trugdolden; anfangs mit Hüllblatt.
Frucht: Kapseln.
Standort: Sonnig; nahrhafte, durchlässige Böden.
Vermehrung/Pflege: Zwiebeln werden durch Aussaat im zeitigen Frühjahr vermehrt. Die Kulturzeit kann erheblich verkürzt werden, indem im Frühjahr Steckzwiebeln in Reihen mit dem Abstand von 20 cm gesetzt werden.
Ernte: Sobald das Laub im Hochsommer vergilbt ist, sind die Zwiebeln reif. Sie werden ausgegraben, kurz getrocknet und in luftigen Räumen gelagert.
Verwendung: Zwiebeln werden zur Zubereitung von Suppen, Salaten, Gemüse-, Fleisch- und Fischgerichten verwendet.
Hinweis: Die Zwiebel ist eine der ältesten Kulturpflanzen der Menschheit überhaupt und wird schon seit mehr als 5000 Jahren als Heil-, Gewürz- und Gemüsepflanze angebaut. In der Volksheilkunde wird die Zwiebel vielseitig verwendet. Sie gilt als vorbeugendes Mittel gegen altersbedingte Gefäßkrankheiten. Zwiebelsirup ist als wirkungsvolles Mittel gegen Husten und Erkältungskrankheiten bekannt. Die frische Zwiebel gilt als verdauungsfördernd und unterdrückt entzündliche Reaktionen nach Insektenstichen.

Service

Zum Weiterlesen

Beutner, Brigitte: Gewürze aus aller Welt in Garten und Küche 2. Aufl. Verlag Eugen Ulmer, Stuttgart 2006.

Bühring, Ursel: Alles über Heilpflanzen. Verlag Eugen Ulmer, Stuttgart 2007.

Bühring, Ursel: Blütenküche. Verlag Eugen Ulmer, Stuttgart 2009.

Busch, Marlies: Wildkräuter. Verlag Eugen Ulmer, Stuttgart 2009.

Dr. Johannes Mayer, Dr. med. Bernhard Uehleke, Pater Kilian Saum OSB: Handbuch der Klosterheilkunde, Verlag Zabert Sandmann GmbH, München 2008.

Gartenführer des Arzneipflanzengartens des Instituts für Pharmazeutische Biologie der Technischen Universität Braunschweig.

Hirsch, Siegrid und Grünberger, Felix: Die Kräuter in meinem Garten. Freya Verlag, Unterweit 2005.

Houdret, Jessica, Hensel, Wolfgang: Die große Kräuter-Enzyklopädie. Frankh-Kosmos, Stuttgart 2008.

Ingrid und Peter Schönfelder: Der neue Kosmos Heilpflanzenführer, Franckh-Kosmos, Stuttgart 2001.

Karin Greiner, Dr. Angelika Weber: Kräuter, GU Verlag, München 2008.

Konrad Kölbl: Kölbl's Kräuterfiebel, Reprint-Verlag Konrad Klöbl, Grünwald.

Kreuter, Marie-Luise: Kräuter und Gewürze aus dem eigenen Garten. BLV Verlag, München 2004.

Lutz Roth, Max Daunderer, Kurt Kormann: Giftpflanzen-Pflanzengifte, Nikol Verlagsgesellschaft mbH & Co. KG, Hamburg 2006.

Mannfried Pahlow: Das große Buch der Heilpflanzen, GU Verlag, München 2000.

Marie-Luise Kreuter: Kräuter aus dem eigenen Garten, BLV Verlag, München 2004.

Mattheus-Staak, Elke: Gemüse. Taschenatlas Gemüse. Verlag Eugen Ulmer, Stuttgart 2006.

Max Wichtel: Teedrogen und Phytopharmaka, Wissenschaftliche Verlagsgesellschaft mbH, Stuttgart 2002.

Wiegele, Miriam: Der Kräutergarten auf Balkon und Terrasse. Verlag Eugen Ulmer, Stuttgart 2000.

Register

Die **fett** gedruckten Seitenzahlen verweisen auf die Pflanzenporträts.

Rezeptverzeichnis

Bildquellen

Fotos:
Titelbild: StockFood.com/Winkelmann, Bernhard
Burkhard Bohne, Braunschweig: alle Farbaufnahmen der Seiten 132–243
Hans E. Laux, Biberach/Riß: Seite 13, 14, 35, 37 (2), 47, 57, 64/65
Wolfgang Redeleit, Bienenbüttel: Seite 28, 34, 39, 54, 55, 62
Hans Reinhard, Heiligkreuzsteinach: Seite 6, 7, 9, 17, 27, 30/31, 33, 41, 42, 44, 46, 50, 59
Brigitte und Siegfried Stein, Vastorf: Seite 20
Friedrich Strauß, Au-Hallertau: Seite 25, 60
Fridhelm Volk: alle Farbaufnahmen der Seiten 64–131

Zeichnungen:
Die Zeichnungen auf den Seiten 22 und 23 stammen von Kerstin Heß, Stuttgart.
Alle übrigen Zeichnungen stammen von Sara Laukner, Stuttgart.
Stefan Dehmel zeichnete die Pflanzensymbole im Porträtteil nach Vorlagen des Verlages.

Die in diesem Buch enthaltenen Empfehlungen und Angaben sind vom Autor mit größter Sorgfalt zusammengestellt und geprüft worden. Eine Garantie für die Richtigkeit der Angaben kann aber nicht gegeben werden. Autor und Verlag übernehmen keinerlei Haftung für Schäden und Unfälle.

Bibliografische Information der Deutschen Nationalbibliothek
Die Deutsche Nationalbibliothek verzeichnet diese Publikation in der Deutschen Nationalbibliografie; detaillierte bibliografische Daten sind im Internet über http://dnb.d-nb.de abrufbar.

Wollgrasweg 41, 70599 Stuttgart (Hohenheim)
E-Mail: info@ulmer.de
Internet: www.ulmer.de
Lektorat: Doris Kowalzik
Herstellung: Thomas Eisele
Umschlagentwurf: Atelier Reichert, Stuttgart
Satz: Typomedia GmbH, Ostfildern
Druck und Bindung: Firmengruppe APPL, aprinta Druck, Wemding
Printed in Germany

ISBN 978-3-8001-5841-6